Gerd Lüdemann
Die gröbste Fälschung
des Neuen Testaments

Gerd Lüdemann

Die gröbste Fälschung des Neuen Testaments

Der zweite Thessalonicherbrief

Gerd Lüdemann ist Professor für Geschichte und Literatur
des frühen Christentums an der Theologischen Fakultät
der Georg-August-Universität Göttingen.

© 2010 zu Klampen Verlag · Röse 21 · D-31832 Springe
info@zuklampen.de · www.zuklampen.de

Umschlag: Matthias Vogel (paramikron), Hannover,
Satz: thielenVERLAGSBÜRO, Hannover
Druck: CPI - Clausen & Bosse, Leck

ISBN 978-3-86674-090-7

Bibliografische Information der Deutschen Nationalbibliothek
Die Deutsche Nationalbibliothek verzeichnet diese Publikation in der
Deutschen Nationalbibliografie; detaillierte bibliografische
Daten sind im Internet über ‹http://dnb.d-nb.de› abrufbar.

Vorwort

Die Schriften des Neuen Testaments
wollen menschlich gelesen und menschlich geprüft sein.

Johann Gottfried Eichhorn,
Göttingen 1804

Das Neue Testament besteht zu einem wesentlichen Teil aus Briefen mit falschen Verfasserangaben. Diese Tatsache – die angesichts des Wahrheitsethos der ältesten Kirche immer wieder zu peinlichen Rückfragen Anlass gegeben hat – erklären Theologen oft so: Die Zuschreibung einer Schrift an eine bekannte Autorität sei ein in der Antike übliches Verfahren gewesen, dessen sich auch frühchristliche Schriftsteller bedient hätten. Von Fälschung könne daher keine Rede sein. Zudem habe es im Altertum noch keinen Begriff wie »geistiges Eigentum« gegeben.

Aber das ist geistliche Schönfärberei, die sich mit den historischen Befunden nicht vereinbaren lässt. Im vorliegenden Buch werde ich anhand von einschlägigen Texten aufweisen, dass Menschen in der Antike ein klares Bewusstsein für geistiges Eigentum hatten, und am Beispiel des zweiten Thessalonicherbriefs und neun weiterer Briefe begründen, dass das Neue Testament tatsächlich Fälschungen enthält. Jedenfalls bleibt das Vorgehen kirchlicher Leitungspersonen, die diese Dokumente fabrizierten, bis heute anrüchig.

Auch diesmal danke ich Walter Höfig, Heinz Jürgen Uhl und Dr. Frank Schleritt herzlich für Hilfe und Kritik.

Göttingen, im August 2010   *Gerd Lüdemann*

Inhalt

Einführung

Das Neue Testament enthält vier Evangelien, 21 Briefe, außerdem zwei weitere Schriften: die Apostelgeschichte und die Johannesoffenbarung. Die ersten drei Evangelien und die Apostelgeschichte haben keine Autorenangabe, sie sind anonym. Das Johannesevangelium gibt zwar in Kap. 21,24 den Lieblingsjünger als Verfasser an, doch geht diese Notiz auf die jüngste Redaktionsstufe des Evangeliums zurück und ist daher sekundär. Sieben neutestamentliche Briefe stammen von einer uns bekannten Person, dem ehemaligen Pharisäer[1] und Christenverfolger Paulus. Dieser hatte in Damaskus aufgrund einer visionären Erfahrung die Gewissheit gewonnen, dass Jesus Christus ihn zum Apostel der Heiden eingesetzt habe.[2]

Auch das letzte Buch der Bibel, die Johannesoffenbarung, sowie der zweite und der dritte Johannesbrief nennen einen Autor. Der Seher »Johannes« soll die Offenbarung[3] und der »Presbyter« (= »Älteste«) die beiden Briefe[4] verfasst haben. Doch wissen wir – anders als bei Paulus – historisch nichts über diese Individuen; selbst die Echtheit ihrer Namen kann daher bezweifelt werden.[5]

Von den restlichen zwölf Briefen des Neuen Testaments sind zehn pseudepigraphisch[6], d.h. sie weisen Texte einem »falschen« Autor

---

[1] Vgl. Phil 3,5.

[2] Vgl. Gal 1,13–17.

[3] Offb 1,1. 4. 9; 22,8.

[4] 2Joh 1; 3Joh 1.

[5] So erwägt GEORG STRECKER: Literaturgeschichte des Neuen Testaments, Göttingen 1992, S. 274–275, den Namen »Johannes« im letzten Buch der Bibel für »falsch« zu halten, weil das Schreiben unter falschem Namen typisch für die Gattung der Apokalypse (= Offenbarung) sei. HELMUT KÖSTER: Einführung in das Neue Testament im Rahmen der Religionsgeschichte und Kulturgeschichte der hellenistischen und römischen Zeit, Berlin 1980, S. 635, sieht den zweiten Johannesbrief nicht als echtes Schreiben an.

[6] Von griechisch *pseud-* (»Gefälschtes«) und *epigraphein* (»darauf schreiben«). – Ich gebrauche den Begriff »pseudepigraphisch« synonym mit »pseu-

zu – sechs davon sollen von Paulus stammen, zwei von Petrus, einer von Jakobus, ein weiterer von Judas. Der erste Johannesbrief und der Hebräerbrief machen keine direkte Angabe über den Namen des Absenders.

Also: Sieben der 27 Dokumente des Neuen Testaments sind echt, drei vielleicht echt, die übrigen bewegen sich zwischen Unechtheit und Anonymität.

Die historische Kritik hat die anonym vorliegenden Berichte der vier Evangelien daraufhin untersucht, ob sie ein zuverlässiges Bild von Jesus enthalten, und herausgefunden, dass dieses Bild im Wesentlichen das der »glaubenden Gemeinde« ist. Denn die meisten der in den Evangelien berichteten Worte und Taten Jesu gehen auf Christen zurück, die nachträglich dem von ihnen angebeteten »Herrn« Sprüche in den Mund gelegt und Taten zugeschrieben haben.

Die Erforschung der Briefe des Neuen Testament führte zu einem ähnlichen Ergebnis. Ebenso wie spätere Christen viele Jesusworte und -taten erfanden, kannten sie keine Skrupel, Schriftstücke unter dem Namen von Aposteln zu fabrizieren und deren Echtheit durch literarische Manipulationen vorzutäuschen. Auch in diesen Dokumenten mit unwahrer Verfasserangabe spiegelt sich der christliche Glaube einer späteren Zeit wider.

Die Texte, die nur vorgeben, von Jesus oder den Aposteln zu stammen, sind Fälschungen, d.h. Unwahrheiten. Denn Fälschung liegt ja dort vor, wo einem Sprecher oder Autor unzutreffende Worte oder Taten bewusst zugeschrieben werden, und das mit einer bestimmten Absicht.[7] »Unwahrheit« ist die Nichtübereinstimmung

---

donym« und ebenso »Pseudepigraphie« synonym mit »Pseudonymität«. Vgl. zur Terminologie MARTINA JANSSEN: Unter falschem Namen. Eine kritische Forschungsbilanz frühchristlicher Pseudepigraphie, Frankfurt 2003, S. 257–260 (Lit.).

[7] Als Fälschung sollen nicht gelten Falschzuschreibungen, die Bestandteil von Schulübungen waren (Imitation von Schriftstellern wurde in den Schulen gelernt; vgl. NORBERT BROX: Falsche Verfasserangaben. Zur Erklärung frühchristlicher Pseudepigraphie, Stuttgart 1975, S. 64) oder aufgrund eines Irrtums zustande kamen (vgl. BROX, Verfasserangaben, S. 49).

einer Aussage mit der Sache, über die sie gemacht wird, »Wahrheit« dementsprechend »die Übereinstimmung einer Aussage mit der Sache, über die sie gemacht wird.«[8] Der von mir in diesem Zusammenhang oft gebrauchte Begriff »Tatsache« bezeichnet eine durch nichts ungeschehen zu machende objektive Realität, die allen rational zugänglich ist.

Eine der fundamentalen Aufgaben der Geschichtswissenschaft besteht darin, echte und unechte Zeugnisse voneinander zu unterscheiden.[9] Des »Unechten und Gefälschten ist so viel und vielerlei, daß immer das erste bei historischer Arbeit ist, sich zu vergewissern, ob das Material, mit dem man es zu tun hat, auch das ist, wofür es gehalten wird oder gelten will.«[10]

Auch die Theologie ist angesichts der Geschichtsbezogenheit der christlichen Botschaft, dass Gott Mensch wurde[11], an der Unterscheidung von »echt« und »unecht« interessiert, nicht nur in der Jesusforschung, sondern auch bei der Analyse der Briefliteratur. Gegen Mitte des 2. Jahrhunderts musste ein Presbyter von seinem Amt zurücktreten, als er der Fälschung von »Paulusakten« überführt wurde.[12] »Echtheit … wurde in aller Regel als unverzichtbare

---

[8] Duden. Deutsches Universalwörterbuch, Mannheim ⁴2001, S. 1769.

[9] Vgl. JOHANN GUSTAV DROYSEN: Historik. Vorlesungen über Enzyklopädie und Methodologie der Geschichte, Darmstadt 1974, S. 99–114 (»Die Kritik der Echtheit«); ERNST BERNHEIM: Lehrbuch der Historischen Methode und der Geschichtsphilosophie, Leipzig ⁵/⁶1908, S. 330–391 (»Prüfung der Echtheit«).

[10] DROYSEN, Historik, S. 100.

[11] Vgl. Joh 1,14: »Und der Logos wurde Fleisch und wohnte unter uns, und wir schauten seine Herrlichkeit, eine Herrlichkeit wie (die des) Einziggezeugten beim Vater, voll Gnade und Wahrheit.«

[12] So schreibt Tertullian von Karthago um 200 n.Chr. in seiner Abhandlung »Über die Taufe«, Kap. 17,5: »Wenn aber gewisse Frauen die Paulusakten, die fälschlich so betitelt sind, … zur Verteidigung für die Erlaubnis zur Taufe und Lehre heranziehen, so sollen sie wissen, dass der Presbyter in Asien, der diese Schrift zusammengestellt hat, wobei er sie durch den Titel ›Über Paulus‹ aus eigenem Ermessen gleichsam noch erhöht hat, dessen (sc. dieser Tat) überführt worden ist und zugegeben hat, dass er das aus Verehrung für Paulus getan habe, und daraufhin zurückgetreten ist. Denn wie wahrscheinlich wäre es wohl, dass der, welcher der Frau beharrlich die Erlaubnis zu lehren verwei-

Voraussetzung für Kanonizität angesehen.«[13] Wäre ein zur Sammlung biblischer Schriften gerechneter Text als Fälschung erkannt worden, hätte das damalige Zeitgenossen im Allgemeinen genauso vor den Kopf gestoßen wie heutige. »Nur die Arglosigkeit und Naivität christlicher Leser«[14] hat fast immer die Aufdeckung des Betrugs verhindert.

In der Umwelt des frühen Christentums wurde viel über Fälschung gesprochen. Der Vorwurf der Fälschung, der in aller Munde war, wirkte abschreckend. Die – angesichts der Fülle von Falschzuschreibungen im Neuen Testament – oft gegebene Auskunft, die Schriftstellerei unter falschem Namen sei eine in der Antike akzeptierte Stilform gewesen, trifft nicht zu. Vielmehr ist das Gegenteil richtig. Die Abfassung pseudepigraphischer Schriften in gutem Glauben kam nur selten vor. Zumeist lag Täuschungsabsicht zugrunde. Nur Autoren, die an abgelegenen Orten wohnten – »wohin die rationale Denkweise noch nicht gedrungen war, das

gert hat, ihr die Macht zu taufen sollte eingeräumt haben? ›Sie sollen schweigen‹ drückt er (sc. Paulus) sich aus, ›und zu Hause ihre Ehemänner befragen‹ (1Kor 14,35).« Zu diesem Text vgl. weiter GERD LÜDEMANN: Ketzer. Die andere Seite des frühen Christentums, Stuttgart ²1996, S. 148–149. Die Kritik am Presbyter durch Tertullian zeigt, dass Echtheits- mit Inhaltskritik gekoppelt ist. Der Fälschungsvorwurf erhält durch den Hinweis auf 1Kor 14,35 seine eigentliche Durchschlagskraft. »Der Vorwurf der Fälschung wird in der alten Kirche tatsächlich sehr oft als Kritik an der Verfasserangabe vorgetragen, er meint aber so gut wie immer primär die Kritik am Inhalt der Schrift« (BROX, Verfasserangaben, S. 123). Siehe ferner MARCO FRENSCHKOWSKI: Pseudepigraphie und Paulusschule. Gedanken zur Verfasserschaft der Deuteropaulinen, insbesondere der Pastoralbriefe, in: Friedrich Wilhelm Horn (Hg.): Das Ende des Paulus. Historische, theologische und literaturgeschichtliche Aspekte, Berlin 2001, S. 239–272, hier S. 249–250.

[13] ARMIN DANIEL BAUM: Literarische Echtheit als Kanonkriterium in der alten Kirche, in: Zeitschrift für die neutestamentliche Wissenschaft 88 (1997), S. 97–110, hier S. 110. Baum kritisiert zu Recht KARL-HEINZ OHLIG: Die theologische Begründung des Kanons in der alten Kirche, Düsseldorf 1972, demzufolge der Erweis der Unechtheit einer Schrift nicht ihren Ausschluss aus dem Kanon bedeutet hätte. Ähnlich wie Ohlig äußert sich BROX, Verfasserangaben, S. 120–129.

[14] FRENSCHKOWSKI, Pseudepigraphie, S. 251.

heißt vornehmlich in den Randgebieten der griechisch-römischen Welt«[15] – dürften die pseudepigraphische Einkleidung ohne schlechtes Gewissen benutzt haben.[16]

Dass frühchristlichen Autoren das Thema »Fälschung« nicht gleichgültig war, belegt die Anspielung des Verfassers des zweiten Thessalonicherbriefs (= 2Thess) in 2,2 auf einen angeblich gefälschten Brief des Paulus.[17] Dieser Hinweis setzt voraus: Bereits damals war eine klare Vorstellung von geistigem Eigentum vorhanden. Art und Bewertung der fälschenden Schriftstellerei leiten sich maßgeblich vom Begriff des geistigen Eigentums ab. »Gibt es in einer Kultur oder Epoche diesen Begriff bzw. diese Vorstellung vom geistigen Eigentum nicht, so gibt es auch keine Fälschung im qualifizierten Sinn bewußter Irreführung und betrügerischer Tendenz.«[18]

Historische und theologische Gründe drängen mich daher, das Thema »Fälschungen im Neuen Testament« noch einmal zu bearbeiten.[19]

---

[15] WOLFGANG SPEYER: Die literarische Fälschung im heidnischen und christlichen Altertum. Ein Versuch ihrer Deutung, München 1971, S. 36.

[16] Vgl. WOLFGANG SPEYER: Religiöse Pseudepigraphie und literarische Fälschung im Altertum (1965/66), in: Norbert Brox (Hg.): Pseudepigraphie in der heidnischen und jüdisch-christlichen Antike, Darmstadt 1977, S. 195–263, hier S. 259.

[17] HARALD HEGERMANN: Der geschichtliche Ort der Pastoralbriefe, in: Theologische Versuche 2, Berlin 1970, S. 47–64, hier S. 48–49, bestreitet ohne triftigen Grund, dass 2Thess 2,2 sich auf die frühchristliche Fälschung eines Paulusbriefes bezieht. Zur Sache vgl. unten, S. 69–72.

[18] BROX, Verfasserangaben, S. 68.

[19] Mit dem vorliegenden Buch führe ich ältere Arbeiten weiter und stelle neue Thesen zur Diskussion. Vgl. LÜDEMANN, Ketzer, S. 113–127; DERS.: Die Intoleranz des Evangeliums. Erläutert an ausgewählten Schriften des Neuen Testaments, Springe 2004, S. 67–95. 255–266. Überschneidungen habe ich nicht eigens notiert.

Literarische Fälschungen
in der Welt des frühen Christentums
und im Neuen Testament

1. Echtheitskritik im Altertum

Die Erforschung der Pseudepigraphie im frühen Christentum hat erst vor gut vierzig Jahren wirklich begonnen. In mehreren Beiträgen beschrieb Wolfgang Speyer Gründe, Ziele und Techniken literarischer Fälschung im heidnischen Altertum, Judentum und Frühchristentum, wobei sein Interesse nicht speziell der Pseudepigraphie im Neuen Testament galt.[1] Die von Speyer erzielten Ergebnisse hat Norbert Brox in mehreren Arbeiten für das frühe Christentum umgesetzt.[2] Er widmete sich der Kommentierung pseudepigraphischer Briefe des Neuen Testaments[3] und demonstrierte wiederholt, dass im Hinblick auf geistigen Betrug, Fälschung und Echtheitskriterien die Antike »weder blind noch tolerant oder skrupellos (war), wenn sie auch nicht die modernen Konsequenzen einer einschlägigen Rechtsprechung und auch nicht die

---

[1] Vgl. WOLFGANG SPEYER: Religiöse Pseudepigraphie und literarische Fälschung im Altertum (1965/66), in: Norbert Brox (Hg.): Pseudepigraphie in der heidnischen und jüdisch-christlichen Antike, Darmstadt 1977, S. 195–263; DERS: Die literarische Fälschung im heidnischen und christlichen Altertum. Ein Versuch ihrer Deutung, München 1971. Zu Speyers Arbeiten vgl. das Referat von MARTINA JANSSEN: Unter falschem Namen. Eine kritische Forschungsbilanz frühchristlicher Pseudepigraphie, Frankfurt 2003, S. 75–102.

[2] Vgl. NORBERT BROX: Falsche Verfasserangaben. Zur Erklärung der frühchristlichen Pseudepigraphie, Stuttgart 1975; ders. (Hg.): Pseudepigraphie in der heidnischen und jüdisch-christlichen Antike, Darmstadt 1977. Zu Brox vgl. das Referat von JANSSEN, Namen, S. 128–151.

[3] NORBERT BROX: Die Pastoralbriefe, Regensburg 1969; DERS: Der erste Petrusbrief, Neukirchen-Vluyn 1979.

moderne Schärfe wissenschaftlicher Echtheitskritik kannte.«[4] Weiter hat Armin Daniel Baum im Jahr 2001 ein nützliches Buch, »Pseudepigraphie und literarische Fälschung im frühen Christentum«[5], beigesteuert, in dem er pseudepigraphische Briefe als literarische Fälschungen versteht und ausgewählte Quellentexte samt deutscher Übersetzung anfügt. Martina Janßen publizierte 2003 eine gründliche »Forschungsbilanz frühchristlicher Pseudepigraphie«.[6] Inzwischen dokumentiert ein stattlicher Symposiumsband – »Pseudepigraphie und Verfasserfiktion in frühchristlichen Briefen«[7] – von mehr als 900 Seiten aus dem Jahre 2009, dass die Pseudepigraphieforschung zu einem wichtigen Thema der neutestamentlichen Wissenschaft geworden ist.

Bei der Analyse und Bewertung der neutestamentlichen Pseudepigraphie berücksichtige ich als Hintergrund verstärkt die griechisch-römische Welt und ihre Bildungseinrichtungen, speziell die Schule.[8] Denn eine *christliche* Elementar- oder Mittelschule gab es nicht. Gläubige Eltern schickten ihre Kinder auf »heidnische« Schulen; die Kirchen hatten keine Versuche unternommen, eigene »Schulen für die Überlieferung der Elementarfächer zu schaffen. Man nahm die heidnische Schule hin, wie man den Staat, die Sklaverei usw. hinnahm!«[9] Viel spricht dafür, dass die Autoren von unter falschem Namen verfassten Schriften des Neuen Testaments bereits in eine christliche Familie hineingeboren wurden.[10] Vermutlich

---

[4] NORBERT BROX: Zum Problemstand in der Erforschung der altchristlichen Pseudepigraphie (1973) = in: ders. (Hg.): Pseudepigraphie in der heidnischen und jüdisch-christlichen Antike, Darmstadt 1977, S. 311–334, hier S. 316.

[5] ARMIN DANIEL BAUM: Pseudepigraphie und literarische Fälschung im frühen Christentum, Tübingen 2001.

[6] Vgl. JANSSEN, Namen.

[7] Jörg Frey / Jens Herzer / Martina Janßen / Clare K. Rothschild (Hgg.): Pseudepigraphie und Verfasserfiktion in frühchristlichen Briefen, Tübingen 2009.

[8] Vgl. ANGELA STANDHARTINGER: Studien zur Entstehungsgeschichte und Intention des Kolosserbriefs, Leiden 1999, S. 31–40.

[9] ADOLF VON HARNACK: Die Mission und Ausbreitung des Christentums in den ersten drei Jahrhunderten, 2 Bände, Leipzig [4]1924, S. 999. Vgl. HENRI IRÉNÉE MARROU: Geschichte der Erziehung im Altertum, Freiburg 1957, S. 458.

[10] Vgl. 2Tim 1,5; 3,15a.

haben sie die zweite Stufe des griechisch-römischen Schulsystems teilweise oder ganz durchlaufen.

Das griechisch-römische Schulsystem lässt sich in drei Stufen einteilen: a) Elementarunterricht, b) Mittelstufe, c) höherer Unterricht, wobei die Übergänge von einer Stufe zur anderen fließend waren.

a) Im Elementarunterricht (7.–14. Lebensjahr) lernten die Schüler und Schülerinnen Musik, Sport, Lesen, Schreiben und außerdem die Grundbegriffe des Rechnens.

b) Die Weiterbildung in der Mittelstufe erfolgte bei einem »Grammatiker«, auch »Philologe« oder »Kritiker« genannt.[11] Sein Unterricht bezog sich auf klassische Schriftsteller (vor allem Homer), Dramatiker (Euripides und Menander) und danach Historiker (Herodot, Xenophon) sowie Redner (Demosthenes und Isokrates).[12] »Die Arbeit des Grammatikers an einem Schriftsteller wird in vier Operationen eingeteilt: die Textkritik, die Lektüre, die Erklärung, die Beurteilung.«[13] Die unsichere, oft noch im Fluss befindliche Art der Verbreitung von Schriftstücken im Altertum brachte es mit sich, dass diese oft voneinander abwichen, »woraus die Notwendigkeit folgte, zu Anfang die Texte, die Lehrer und Schüler in Händen hatten, zu konfrontieren und aneinander zu korrigieren.«[14] Die antiken Zeitgenossen standen in der Regel allen Büchern kritischer gegenüber als wir. Denn die Bücher enthielten zahlreiche Fehler und Irrtümer, Echtheit war nicht selbstverständlich, sondern umstritten.[15] Die einzelnen methodischen Schritte der Echtheitskritik eines Textes waren 1. der Vergleich mit dem Stil echter Schriften, 2. der Vergleich mit dem Inhalt echter Schriften, 3.

---

[11] Vgl. MARROU, Geschichte, S. 236. Zum Bildungsgrad der Absolventen einer Grammatikerschule vgl. PETER LAMPE: Die stadtrömischen Christen in den ersten beiden Jahrhunderten. Untersuchungen zur Sozialgeschichte, Tübingen 1987, S. 215 (Lit.).

[12] Vgl. STANDHARTINGER, Studien, S. 34.

[13] MARROU, Geschichte, S. 243.

[14] MARROU, Geschichte, S. 243.

[15] Vgl. STANDHARTINGER, Studien, S. 45.

die Überprüfung der Entstehungsverhältnisse, 4. die Kontrolle der äußeren Bezeugung.[16]

c) Im höheren Unterricht konnten Schüler eine philosophische, rhetorische oder medizinische Ausbildung erwerben. Dies gelang aber nur wenigen.[17]

Menschen waren Fälschungen dank der antiken Schule nicht schutzlos ausgeliefert; die dort erworbene Bildung half ihnen, »echt« von »falsch« zu unterscheiden und geistiges Eigentum zu respektieren, auch wenn dieses noch nicht juristisch geschützt war.[18]

Doch findet zuweilen die Meinung Beifall, die Schule des Pythagoras widerlege die Annahme, dass es im Altertum so etwas wie geistiges Eigentum gegeben habe. So beschreibt der Neuplatoniker Jamblichus (gestorben ca. 330 n. Chr) in seiner Schrift »Das Leben des Pythagoras« die Pseudepigraphie im pythagoreischen Schulbetrieb und erklärt sie wie folgt: Man habe einen Teil der pythagoreischen Schriften auf der Grundlage des mündlichen Vortrags aufgezeichnet. Für die Verfasserschaft zieht Jamblichus daraus die Konsequenz: »Die Pythagoreer haben diese Schriften auch nicht für ihr Eigentum ausgegeben, sondern sie dem Pythagoras als sein Werk zugeschrieben.«[19] Demnach bleibt der Inhalt der Vorlesung geistiges Eigentum des Pythagoras. Sein Name steht über der Schrift. Jamblichus bewertet dies positiv: »Edel ist auch, dass sie dem Pythagoras alles zuschrieben und nur ganz selten für ihre Entdeckungen persönlichen Ruhm beanspruchten. Sind es doch verschwindend wenige, von denen man eigene Schriften kennt.«[20]

Allerdings ist das im Anschluss an Jamblichus gezeichnete Bild vom pythagoreischen Schulbetrieb nicht repräsentativ. Die regulären Philosophenschulen orientierten sich an der Unterscheidung

---

[16] Aufzählung nach BAUM, Pseudepigraphie, S. 24–30.

[17] Vgl. STANDHARTINGER, Studien, S. 32.

[18] Vgl. SPEYER, Fälschung, S. 17.

[19] Leben des Pythagoras 158. Übersetzung nach MICHAEL VON ALBRECHT (Hg.): Iamblichos. Pythagoras, Zürich 1963, S. 161.

[20] Leben des Pythagoras 198. Übersetzung nach VON ALBRECHT, Iamblichos, S. 197.

von echt und unecht.[21] Zudem hebt Jamblichus an anderer Stelle hervor, dass Neupythagoreer auf den wirklichen Autor achteten.[22] Auch sie respektierten geistiges Eigentum. Bei den obigen Belegen aus Jamblichus »handelt es sich zudem oft um einen nachträglichen Erklärungsversuch für das Vorhandensein zahlreicher pseudpythagoreischer Schriften.«[23] Man beachte auch die zeitliche Differenz zwischen dem historischen Pythagoras (540–500 v.Chr.) und den Neupythagoreern (ab 100 v.Chr.). Eine genetische Verbindung zwischen Pythadoreern und Neupythagoreern ist durchaus fraglich.

Man darf schlussfolgern: Den Christen, die später zu den kirchlichen Führungsschichten gehörten, vermittelte der antike Schulunterricht spätestens in der Mittelstufe eine negative Sicht von Schriften unter falschem Namen. Denn dort lernten sie Stil- und Echtheitskritik.[24]

Die positiven Folgen einer solchen Schulbildung belege ich zunächst anhand einer Schilderung des bekannten Arztes Galen von Pergamon (129–199 n.Chr.) und dokumentiere anschließend weitere Fälle.

---

21 MARCO FRENSCHKOWSKI: Pseudepigraphie und Paulusschule. Gedanken zur Verfasserschaft der Deuteropaulinen, insbesondere der Pastoralbriefe, in: Friedrich Wilhelm Horn (Hg.): Das Ende des Paulus. Historische, theologische und literaturgeschichtliche Aspekte, Berlin 2001, S. 239–272, hier S. 248.

22 Leben des Pythagoras 25. Übersetzung nach VON ALBRECHT, Iamblichos, S. 35.

23 MARTINA JANSSEN: Antike (Selbst-)Aussagen über Beweggründe zur Pseudepigraphie, in: Jörg Frey u.a. (Hgg.): Pseudepigraphie und Verfasserfiktion in frühchristlichen Briefen, Tübingen 2009, S. 125–179, hier S. 163.

24 Gewiss bewegt sich im ausgehenden ersten Jahrhundert und darüber hinaus »das Christentum mehrheitlich noch in großem Abstand zu jener Bildungs- und Literaturwelt, in der Verfasserschaftsfragen zum Problem werden und diskutiert werden konnten« (MARCO FRENSCHKOWSKI: Erkannte Pseudepigraphie? Ein Essay über Fiktionalität, Antike und Christentum, in: Jörg Frey u.a. [Hgg.]: Pseudepigraphie und Verfasserfiktion in frühchristlichen Briefen, Tübingen 2009, S. 181–232, hier S. 222). Doch geht es mir an dieser Stelle um die Minderheit von »gebildeten« Theologen, die die gefälschten Briefe des Neuen Testaments verfasst und kirchliche Leitungsfunktionen ausgeübt haben.

Galen berichtet in seiner Schrift »Über meine eigenen Bücher«
von folgendem Vorkommnis:

> Im Sandalarion, wo in Rom die meisten Buchverkäufer sind, haben wir
> tatsächlich beobachtet, wie einige sich darüber stritten, ob das gerade
> zu verkaufende Buch von mir oder von jemand anderem sei. Denn es
> trug den Titel »Galen, Arzt«. Als aber jemand das Buch als ein von mir
> verfasstes kaufte, wollte ein Gelehrter, durch die Fremdheit des Titels
> veranlasst, seine vorgegebene Eigenschaft in Augenschein nehmen. Und
> nachdem er die beiden ersten Zeilen gelesen hatte, verwarf er das Buch
> sofort, wobei er lediglich bemerkte, dass dieser Stil nicht der von Galen
> sei und das Buch fälschlicherweise diese Aufschrift trage.
>
> Der, der dies gesagt hat, hatte jene erstklassige Erziehung empfan-
> gen, die die Kinder bei den Griechen von alters her bei den Grammati-
> kern und Rhetoren erhalten. ... Gerade deswegen nun und weil viele
> meine Bücher auf vielfache Weise schimpflich behandelt haben, indem
> der eine sie bei der einen Menschenmenge, der andere bei einer ande-
> ren als seine eigenen vorlas, wobei sie einiges wegließen, anderes hin-
> zufügten, wieder anderes veränderten, halte ich es für besser, zum einen
> die Ursache für diesen schimpflichen Umgang darzustellen, zum ande-
> ren in Bezug auf die wirklich von mir geschriebenen Bücher aufzuzei-
> gen, welches bei jedem von ihnen die vorgegebene Eigenschaft ist.[25]

In Sachen »falsche Verfasserangaben« erlaubt die Erzählung Galens
folgende Schlüsse: a) Durch Stilkritik, die auf der Schule gelehrt
wurde, waren durchschnittlich gebildete Menschen in der Lage,
echte von unechten Schriften zu unterscheiden. b) Plagiate, d. h.
die Verbreitung fremder Gedanken unter dem eigenen Namen, wurden geächtet. c) Pseudepigraphie, d.h. die Verbreitung eigener
Gedanken unter falschem Namen, galt auch in der Antike als nicht
akzeptabel.

Die Verurteilung und Ächtung von Falschzuschreibungen und
von Plagiaten belegt auch der Bericht des griechischen Schriftstel-

---

[25] Übersetzung nach BAUM, Pseudepigraphie, S. 227–229.

lers Diogenes Laertios[26] über die Praktiken des Herakleides Ponti-
kus (ca. 360 v.Chr.):

V 92

Aristoxenus, der Musiker, erzählt, er (Herakleides) habe auch Tragö-
dien gedichtet und sie für Werke des Thespis (ca. 534 v.Chr) ausgegeben, und Chamaileon behauptet, er (Herakleides) habe ihm seine Schriften über Hesiod und Homer gestohlen und sie als Material für seine eigenen Schriften verwendet.[27]

Die Prüfung der Echtheit von Schriften und ihrer Unversehrtheit
war eine tägliche Aufgabe der Bibliothekare in den großen antiken
Bibliotheken, z. B. in Pergamon oder in Alexandrien. So ging man
wegen des Delikts der Verfälschung stoischer Schriften gerichtlich
gegen Athenodor vor, einen Bibliothekar von Pergamon. Dies schildert wiederum Diogenes Laertios:

VII 34

Isidor von Pergamon … berichtet auch, es seien aus den Büchern aus
der Bibliothek die übel klingenden Stellen bei den Stoikern von dem
Stoiker Athenodor, dem bestellten Kustoden der Pergamenischen
Bibliothek, herausgeschnitten worden, dann aber wieder eingefügt worden, nachdem nämlich Athenodor ertappt und in gerichtliche Untersu-
chung geraten war.[28]

Es war illegitim und galt als Plagiat, Vorlesungsinhalte aus der
Schule unter eigenem Namen zu veröffentlichen. Dies tat Empedo-

---

[26] Diogenes Laertius, dessen Leben wir nicht kennen, lebte in der ersten Hälfte
des dritten Jahrhunderts n.Chr. Seine Philosophiegeschichte ist das einzige
aus dem griechisch-römischen Altertum erhaltene Werk dieser Art.

[27] Übersetzung nach OTTO APELT, in: Diogenes Laertios: Leben und Meinungen
berühmter Philosophen, Buch I–X, Philosophische Bibliothek 53/54, Ham-
burg ²1967, Erster Band, S. 291.

[28] Übersetzung nach APELT, Diogenes, Zweiter Band, S. 24–25.

kles (495–435 v.Chr.) und wurde sanktioniert, wie Diogenes Laertios schildert:

VIII 54–55

Dass er (Empedokles) aber den Pythagoras gehört habe, berichtet Timaios im neunten Buch, wo er sagt, er sei ... damals ertappt worden, wie er heimlich die Vorträge entwendete, weshalb er denn von der Schulgemeinschaft ausgeschlossen worden sei. ... Neanthes berichtet, dass die Pythagoreer bis auf Philolaos und Empedokles den Zutritt zu den Vorträgen allen frei ließen. Nachdem aber Empedokles durch seine Dichtung die pythagorischen Lehren unter das große Publikum gebracht, hätten sie die feste Bestimmung getroffen, keinem Dichter den Zutritt zu gestatten.[29]

Des Plagiats sokratischer Dialoge bezichtigte man Aischines aus Athen (389–314 v. Chr.), wobei die biographische Einzelheit hinzugefügt wurde, er habe die Dialoge über Sokrates' Ehefrau Xanthippe erhalten. Allerdings schenkt Diogenes Laertios diesem Plagiatsvorwurf keinen Glauben:

II 60

Aischines ... aus Athen ... wurde auf das Schärfste von Menedemos, dem Eretrier, mit der Verleumdung verfolgt, seine Dialoge seien zumeist Werke des Sokrates; durch Xanthippe in seinen Besitz gekommen, habe er sie als die eigenen ausgegeben.[30]

2. Fälschungen »theologisch« erklärt

Wie gehen heute Theologen mit den gefälschten Briefen des Neuen Testaments um? Ihre Stellungnahmen sind zumeist apologetisch und nehmen oft Zuflucht zu geistlichen Erklärungen.

---

[29] Übersetzung nach APELT, Diogenes, Zweiter Band, S. 136–137.
[30] Übersetzung nach APELT, Diogenes, Erster Band, S. 103.

Erstens: Es ist anachronistisch und unsachgemäß, einen neutesta-
mentlichen Text mit falscher Verfasserangabe als Fälschung zu
bezeichnen

1) Philipp Vielhauer hält es angesichts der antiken Gepflogenhei-
ten für unhistorisch und falsch, Briefe des Neuen Testament, die
Falschzuschreibungen enthalten, als *Fälschungen* zu bezeichnen.
So zeige der 2Thess »exemplarisch die Strukturelemente der Deuteropaulinen und damit eines wesentlichen Sektors der Geschichte
der urchristlichen Literatur: den fingierten deuteropaulinischen
Brief als literarisches Mittel innerkirchlicher Auseinandersetzung
und die Methoden dieser Auseinandersetzung, nämlich Ausspielen
des Paulus als *der* Autorität, aktualisierende und modifizierende
Weiterbildung paulinischer Gedanken, kritische Aufnahme anderer Traditionen.«[31]
Kritik: In Anbetracht der Tatsache, dass 2Thess 2,2 die Existenz
eines *gefälschten* Briefes des Paulus voraussetzt, ist Vielhauers Sicht
nicht schlüssig. Der 2Thess belegt »*unabhängig* von der Frage, ob
der 2 Thess authentisch ist oder nicht, … *dass* das *Phänomen* frühchristlicher Pseudepigraphie existierte und bekannt war.«[32]

2) Kurt Aland[33] hat scharf dagegen protestiert, die Pseudepigraphie
des frühen Christentums bis 150 n.Chr. in die Geschichte der antiken
Pseudepigraphie hineinzustellen. Dieser Ansatz entspringe unhisto-

---

[31] PHILIPP VIELHAUER: Geschichte der urchristlichen Literatur. Einleitung in das
Neue Testament, die Apokryphen und die Apostolischen Väter, Berlin 1975,
S. 102.
[32] EVE-MARIE BECKER: *Hôs di' hêmôn* in 2 Thess 2.2 als Hinweis auf einen verlorenen Brief, in: New Testament Studies 55 (2009), S. 55–72, hier S. 61.
[33] KURT ALAND: Falsche Verfasserangaben? Zur Pseudonymität im frühchristlichen Schrifttum, in: Theologische Revue 75 (1979), Sp. 1–10; vgl. die Antwort von NORBERT BROX: Methodenfragen der Pseudepigraphie-Forschung,
ebd., Sp. 275–278. Vgl. ferner KURT ALAND: Noch einmal: Das Problem der
Anonymität und Pseudonymität in der christlichen Literatur der ersten beiden Jahrhunderte (1980), in: DERS.: Supplementa zu den Neutestamentlichen
und Kirchengeschichtlichen Entwürfen, Berlin 1990, S. 158–176.

rischem Denken; er werde dem historischen Ursprung der betreffen-
den urchristlichen Literatur und der geschichtlichen Entwicklung
nicht gerecht. Vielmehr seien pseudepigraphische Schriften aus
einem Klima der prophetisch-charismatischen Geistbegabung entstanden, in dem es noch gar keine konkreten Verfasserpersönlichkei-
ten gab, sondern nur Anonymität und Pseudonymität.

Kritik: Aland berücksichtigt zu wenig, dass der Apostel Paulus
zahlreiche Briefe geschrieben hat. Hätte Aland Recht, »ergäbe sich
die fatale Konsequenz, daß die Schreiber der zweiten, dritten, vier-
ten Generation mit ihren pseudepigraphischen Schriften mehr vom
Geist getrieben seien als ein Paulus.«[34] Außerdem zeigt 2Thess 2,2,
dass der dort genannte »falsche« Brief des Paulus nach Meinung des
pseudonymen Autors auf eine konkrete Verfasserpersönlichkeit
zurückgeht, nur eben nicht auf Paulus. Und dieses Phänomen muss
erklärt werden.

Zweitens: Auch eine gefälschte Schrift kann ein guter und wahrhaf-
tiger Zeuge des Evangeliums sein

Andreas Lindemann hält die pseudepigraphischen Briefe des Neuen
Testaments zu Recht für Fälschungen. Dann fragt er zum Kolosserbrief (= Kol) rhetorisch: »Ist es nicht merkwürdig, daß ein frühchristlicher Theologe solche *Fälschung* begangen, daß er den
Namen des verstorbenen Apostels derart mißbraucht haben
sollte?«[35], und gibt darauf folgende Antwort: »Nun, wir müssen
zum einen bedenken, dass es in der Antike einen Begriff wie ›geistiges Eigentum‹ nicht gab – Fälschungen von Büchern, Briefen und
Urkunden waren häufig.«[36]

---

[34] HORST R. BALZ: Anonymität und Pseudepigraphie im Urchristentum. Überlegungen zum literarischen und theologischen Problem der urchristlichen und
gemeinantiken Pseudepigraphie, in: Zeitschrift für Theologie und Kirche 66
(1969), S. 403–436, hier S. 419.

[35] ANDREAS LINDEMANN: Der Kolosserbrief, Zürich 1983, S. 13.

[36] LINDEMANN, Kolosserbrief, S. 13.

Lindemann fährt fort: »Wir müssen aber vor allem beachten, daß der Verfasser einer solchen gefälschten Schrift keineswegs immer das Interesse verfolgte, sich selbst damit einen Vorteil zu verschaffen – im Gegenteil: Oft sollte das Ansehen eines großen Lehrers für die Gegenwart betont und bestätigt werden, während der tatsächliche Autor völlig im Dunkeln bleiben wollte.«[37]

Abschließend liefert Lindemann folgende theologische Erklärung: »Eines ist daher ganz selbstverständlich: Das Urteil über die Verfasserschaft einer biblischen Schrift stellt keineswegs ein Urteil auch über deren Wert dar. Auch ein ›unechter‹ Paulusbrief kann theologisch bedeutsam sein; auch eine gefälschte Schrift kann ein guter und wahrhaftiger Zeuge des Evangeliums sein.«[38]

Kritik: a) Auch wenn in der Antike Fälschungen häufig vorkamen, folgt daraus keineswegs, »daß es in der Antike einen Begriff wie ›geistiges Eigentum‹ nicht gab«. Das Gegenteil ist der Fall, wie oben mehrfach gezeigt wurde.[39]

b) Der unbekannte Verfasser des Kol bedient sich – ebenso wie die Verfasser anderer pseudopaulinischer Briefe – des Namens des Apostels, um seine Ziele durchzusetzen. Bei Angabe seines wirklichen Namens hätte ihm Autorität gemangelt. Er bleibt aus strategischen Gründen – und nicht aus Bescheidenheit – im Dunkeln.

c) Der Autor des Kol schreibt Kap. 4,18: »Der Gruß mit meiner, des Paulus, Hand.« Damit tut er so, als ob der wirkliche Paulus unterschreibt, und *täuscht* gegenüber den nichts ahnenden Lesern die Echtheit des Schreibens *vor*. Er *belügt* sie. Daraus folgt aber doch: Ein Brief, der auf Lug und Trug basiert, kann auch theologisch niemals bedeutsam sein, es sei denn, Theologen setzten die Regeln der Moral und der intellektuellen Redlichkeit außer Kraft.

---

[37] LINDEMANN, Kolosserbrief, S. 13.
[38] LINDEMANN, Kolosserbrief, S. 14.
[39] Siehe oben, S. 17–22.

Drittens: Gott bekennt sich aus Gnaden zu zweifelhaften Praktiken

Petr Pokorný hält aufgrund der historischen Dimension des biblischen Glaubens Fragen der literarischen Echtheit für äußerst wichtig und sieht eine falsche Verfasserangabe als Ärgernis an:

> Dass es sich um erfolgreiche Fiktionen handelte, die unter dem Namen
> des fiktiven Verfassers als dessen Schrift kanonisiert wurden, ändert
> nichts an dem moralisch strittigen Problem der falschen Verfasseran-
> gabe. Im Gegensatz zur früher herrschenden Meinung wissen wir näm-
> lich heute, dass auch die Antike durchaus die Idee eines mit einer kon-
> kreten Person verbundenen geistigen Eigentums kannte.[40]

Mit dem literarischen Mittel der Pseudepigraphie hätten die Schüler die Lehre der Apostel zu bewahren versucht.

Pokorný will das Problem der Pseudepigraphie mittels einer
grundsätzlichen Überlegung bewältigen, indem er nämlich Paulus'
Lehre von der Rechtfertigung allein durch Gnade auch auf die Autoren pseudepigraphischer Schriften der Bibel anwendet. Er führt
dazu aus:

> Mit den kanonischen Pseudepigraphen verhält es sich ähnlich wie mit dem
> Erzvater Jakob in der alttestamentlichen Erzählung. Dieser erwirbt den
> Segen und das Recht des Erstgeborenen durch eine List, indem er Esaus
> Kleid anzieht und seinen glatten Hals und seine Hände mit den Fellen
> eines Böckleins bedeckt, um damit vor seinem blinden Vater als der ältere,
> haarige Bruder auftreten zu können (Gen 27f.). In den Pseudepigraphen
> entspricht das Kleid der vorgegebenen Authentizität der Schriften, und
> die Felle eines Böckleins stellen die fingierten persönlichen Notizen dar.
> In der Geschichte Jakobs wird sein Vorgehen nicht gebilligt, und es wird
> geschildert, wie Jakob büßen muss. Das Recht des Erstgeborenen, das er

---

[40] PETR POKORNÝ / ULRICH HECKEL: Einleitung in das Neue Testament. Seine
Literatur und Theologie im Überblick, Tübingen 2007, S. 622. Da Pokorný
schon in früheren Arbeiten diese Thesen vertreten hat (vgl. dazu JANSSEN,
Namen, S. 164–168. 240–241), nenne ich ihn im Folgenden immer als Ein-
zelverfasser.

ernster nimmt als sein Bruder, bleibt ihm allerdings erhalten. Auch heute bedeutet die Entdeckung der Pseudepigraphie einiger Schriften nicht, dass wir sie aus dem Kanon ausschließen müssen. Was Paulus über die gebrechliche leibliche Existenz des Apostels äußerte, kann der Christ auch auf die Gestalt solcher Bücher beziehen: In tönernen Gefäßen enthalten sie gleichwohl den Schatz des Evangeliums (vgl. 2Kor 4,7).[41]

Kritik: Das biblische Beispiel, das Pokorný anführt, belegt keinesfalls, dass eine als literarische Fälschung entlarvte Schrift Bestandteil des Kanons bleiben müsse. Der Spieß ließe sich auch umdrehen: »Gott haßt Fälschung, aber er liebt den Fälscher. Allerdings muß der Lügner in beiden Fällen die Folgen seines Handelns tragen, Jakob das Exil und der Fälscher beispielsweise die Entfernung aus seinem kirchlichen Amt und das Urteil, es handle sich bei seinem gefälschten Werk nicht um eine inspirierte Apostelschrift, sondern um ein rein menschliches und kanonunfähiges Buch.«[42]

Es ist geradezu rührend, dass Pokorný anschließend betont, die Existenz von Fälschungen in der Bibel sei kein Freibrief, heute Fälschungen zu fabrizieren. Es »wäre ein Missbrauch der Gnade Gottes, würden die Christen diese Sünde wiederholen. ›Sollen wir in der Sünde beharren, damit die Gnade umso mächtiger wäre? Das sei ferne!‹ (Röm 6,1.2a).«[43]

Viertens: Die neutestamentliche Pseudepigraphie hat ihre eigene Epoche

Die »Einleitung in das Neue Testament« von Udo Schnelle hält die Pseudepigraphie des Neuen Testaments für

deutlich eingrenzbar, die meisten pseudepigraphen Schriften entstanden zwischen 60 und 100 n. Chr. … Der genannte Zeitraum stellt innerhalb der Geschichte des Urchristentums eine Epoche des Umbruchs und

[41] POKORNÝ, Einleitung, S. 623.
[42] BAUM, Pseudepigraphie, S. 187.
[43] POKORNÝ, Einleitung, S. 623.

der Neuorientierung dar. ... In dieser Situation der Neuorientierung und der damit verbundenen notwendigen Neuinterpretation der überlieferten Traditionen war für viele Gruppen innerhalb des Urchristentums offenbar die Pseudepigraphie das wirksamste Mittel, um auf die Entwicklung Einfluss zu nehmen. Weil es keine Persönlichkeiten mehr gab, die eine gesamtkirchliche Autorität besaßen, griffen die Verfasser der pseudepigraphen Schriften auf die Autoritäten der Vergangenheit zurück, um ihren jeweiligen Zielen in der sich wandelnden kirchengeschichtlichen Situation einen adäquaten Ausdruck zu verleihen.[44]

Kritik: a) Es bleibt unklar, warum Schnelle hauptsächlich die Jahre 60 bis 100 n.Chr. als die Zeit der christlichen Pseudepigraphie auffasst. Immerhin gibt es im Neuen Testament auch pseudepigraphische Schriften, die – wie die Pastoralbriefe (erster und zweiter Timotheusbrief, Titusbrief) oder der zweite Petrusbrief – aus der ersten Hälfte des zweiten Jahrhunderts stammen.[45] Zudem liegen nichtkanonische »orthodoxe« pseudepigraphische Werke aus noch späterer Zeit vor.[46]

b) Richtig ist, dass es zu keiner Zeit des Frühchristentums gesamtkirchliche Autoritäten gegeben hat. »Nicht der Mangel an Führungspersönlichkeiten, sondern eher ein bestimmtes Geschichtsbild, das die apostolische Zeit retrospektiv als Norm setzte, hat dazu beigetragen, dass die Pseudepigraphie ... so bedeutsam wurde.«[47] Übrigens hat Paulus – in dessen Namen die meisten

---

[44] Udo Schnelle: Einleitung in das Neue Testament, Göttingen [6]2010, S. 323–324.

[45] Zur Begründung vgl. Gerd Lüdemann: Die Intoleranz des Evangeliums. Erläutert an ausgewählten Schriften des Neuen Testaments, Springe 2004, S. 117–168 (Pastoralbriefe), S. 169–202 (zweiter Petrusbrief).

[46] Vgl. den dritten Korintherbrief (Übersetzung und Erläuterung bei Lüdemann, Intoleranz, S. 241–254). Berechtigte Kritik an Schnelle übt an diesem Punkt auch Frenschkowski, Erkannte Pseudepigraphie, S. 185 Anm. 7.

[47] Ruben Zimmermann: Unecht – und doch wahr? Pseudepigraphie im Neuen Testament als theologisches Problem, in: Zeitschrift für Neues Testament 12 (2003), S. 27–38, hier S. 33. Vgl. Gerd Lüdemann: Das Judas-Evangelium und das Evangelium nach Maria. Zwei gnostische Schriften aus der Frühzeit des Christentums, Stuttgart 2006, S. 11–13.

pseudepigraphischen Schriften des Neuen Testaments verfasst wurden – zu seinen Lebzeiten schwerlich eine gesamtkirchliche Autorität besessen.

Schnelle führt weiter aus:

> Die ntl. Pseudepigraphie war ... in eine ganz bestimmte zeitgeschichtliche Situation eingebunden und muss als gelungener Versuch der Bewältigung zentraler Probleme der dritten urchristlichen Generation gesehen werden. Das Ziel der ntl. Pseudepigraphie bestand nicht nur darin, die Kontinuität der apostolischen Tradition in der Zeit nach dem Tod der Apostel sicherzustellen. Vielmehr sollte vor allem die Autorität der Apostel in der Gegenwart neu zur Sprache gebracht werden.[48]

Kritik: Schnelle behält darin Recht, dass verschiedene neutestamentliche Schriften erfolgreich Pseudepigraphie einsetzten, um bestimmte Probleme zu lösen. Doch berücksichtigt er nicht ausreichend, dass die angegriffenen Gegner und andere Häretiker[49] dasselbe Mittel ohne Erfolg einsetzten, obwohl auch sie die Autorität der Apostel zur Sprache bringen wollten und sich in der apostolischen Tradition sahen.[50] Daher war Pseudepigraphie bei der Lösung von Problemen christlicher Gruppen am Ende des ersten Jahrhunderts keineswegs immer siegreich.

Abschließend sei gefragt: Wie geht Schnelle damit um, dass im Neuen Testament anerkanntermaßen *falsche* Zuschreibungen vorliegen? Muss man deswegen nicht doch von Fälschung reden? Die Antwort:

> Eine theologische Beurteilung darf nicht von den moralischen Kategorien der Fälschung oder des Betruges ausgehen, sondern sie muss den

---

[48] SCHNELLE, Einleitung, S. 324.
[49] Man vgl. den »Brief des Jakobus« aus Kodex I von Nag Hammadi (Übersetzung von GERD LÜDEMANN / MARTINA JANSSEN: Bibel der Häretiker. Die gnostischen Schriften von Nag Hammadi, Stuttgart 1997, S. 15–25).
[50] Schnelle ist sich dieses Problems bewusst, wenn er schreibt: 2Thess 2,2 lasse »vermuten, dass auch Gegner die Autorität des Paulus durch Pseudepigraphen in Anspruch nahmen« (SCHNELLE, Einleitung, S. 323).

inneren Zusammenhang zwischen der zeitgeschichtlichen Situation und dem Phänomen der ntl. Pseudepigraphie bedenken. Die literarische Form der Pseudepigraphie war im letzten Drittel des ersten christlichen Jahrhunderts das wirksamste Mittel, um die neu aufgebrochenen Probleme aus der Sicht der Verfasser der Pseudepigraphen im Sinn der von ihnen jeweils in Anspruch genommenen Autoritäten zu lösen. Die moralische Kategorie der Fälschung ist deshalb ungeeignet, die Zielsetzungen der Pseudepigraphie zu erfassen. Sachgemäßer ist von ›entliehenen Verfasserangaben‹ zu sprechen, bei denen die apostolische Autorität als Bürge für die Gültigkeit des Gesagten auftritt. Die ntl. Pseudepigraphie muss als der theologisch legitime und ekklesiologisch notwendige Versuch angesehen werden, die apostolische Tradition in einer sich verändernden Situation zu bewahren und zugleich neue Antworten auf neue Situationen und Fragen zu geben. Dabei ist die gesamtkirchliche Perspektive für die pseudepigraphischen Schriften charakteristisch, sie entstanden aus ökumenischer Verantwortung.[51]

Kritik: Die Tatsache, dass zum Neuen Testament auch Schriften unter *falschem* Namen gehören, hat für Schnelle keine Relevanz. Es geht ihm allein um Theologie auf Kosten der historischen Wahrheit. Schnelles durchsichtige Absicht ist es, den Status quo der pseudepigraphischen Briefe des Neuen Testaments als heiliger Schriften zu rechtfertigen. Pseudepigraphieforschung an Texten des Neuen Testaments wird unter der Hand zu einem geistlich legitimierten Sonderfall von Wissenschaft, die keine mehr ist. Schnelles Beitrag zur Pseudepigraphie zeigt überdeutlich, dass ein theologisch orientierter Ansatz zu keinen neuen Erkenntnissen führt.

Fünftens: Man darf für die biblische subjektive Wahrheit lügen

Dem theologischen Problem von Pseudepigraphie hat Ruben Zimmermann mehrere Beiträge gewidmet.[52] Er will Geschichts- und

[51] SCHNELLE, Einleitung, S. 325.
[52] RUBEN ZIMMERMANN: Lügen für die Wahrheit? Das Phänomen urchristlicher Pseudepigrafie am Beispiel des Kolosserbriefs, in: Oliver Hochadel und

Glaubenswahrheit in Beziehung zueinander setzen und sowohl die Ergebnisse historisch-kritischer Forschung als auch Anspruch und Anliegen der Texte selbst ernst nehmen.

Zimmermann zufolge muss man für die Antike den Begriff der Fälschung und den des geistigen Eigentums voraussetzen, denn Literarkritiker des römischen und griechischen Altertums hätten bereits Fälschungen beklagt. Ferner sollten »urchristliche oder zumindest biblische Autoren *a limine* von allen Täuschungsabsichten« nicht ausgenommen werden.[53] Doch relativiert er diese Erkenntnisse mit Blick auf frühchristliche Texte, indem er Fälschung von legitimer Pseudepigraphie unterscheidet: Eine Fälschung beruhe auf einer bewussten Irreführung, einer machtpolitischen Strategie, während legitime Pseudepigraphie durch theologische Gründe gerechtfertigt werde.[54]

Ich zitiere im Folgenden drei Argumente Zimmermanns und kommentiere sie anschließend kritisch.

> Urchristliche Pseudepigrafie stellt sich primär als spezifisches Problem der Traditionskontinuität dar. Die Gemeinsamkeiten des Kol(osserbriefs) mit echten Paulusbriefen (sind) keine Täuschungsmanöver, sondern können als bewusster Rückgriff auf eine als autoritativ anerkannte Tradition betrachtet werden.[55]

Gegenargument: Ein »bewusster Rückgriff auf eine als autoritativ anerkannte Tradition«, die sich eines falschen Namens bedient, bleibt eine Falschaussage, auch wenn sie positiv wirken will.

> Die Praxis der Pseudepigrafie wurde durch die Auseinandersetzung mit Gegnern forciert oder sogar evoziert. ... Möglicherweise haben sich auch die Gegner des Kol(losserbriefs) auf paulinische Theologumena und Traditionen berufen. Um den Streit über die Legitimität der Paulus-

Ursula Kocher (Hgg.): Lügen und Betrügen. Das Falsche in der Geschichte bis zur Moderne, Köln 2000, S. 257–272; DERS.: Art. Pseudepigraphie/Pseudonymität, in: RGG⁴, Band 6, Tübingen 2003, Sp. 1786–1788; DERS., Unecht.
53 ZIMMERMANN, Lügen, S. 261.
54 ZIMMERMANN, Lügen, S. 265.
55 ZIMMERMANN, Lügen, S. 265–266.

nachfolge im eigenen Sinn zu entscheiden, sah sich der Autor genötigt, einen ›authentischen Paulusbrief‹ vorzulegen.[56]

Gegenargument: Die innere Nötigung, angesichts des Streites »über die Legitimität der Paulusnachfolge« einen »authentischen Paulusbrief« vorzulegen, ändert nichts daran, dass der Verfasser eine falsche Absenderangabe macht. Zudem können »Gegner« als mutmaßliche Paulusschüler dasselbe Recht für sich in Anspruch nehmen und unechte »authentische« Briefe des Apostels verfassen.

Der Verfasser des Kol(osserbriefs) nimmt die Autorenschaft des Paulus also nicht in Anspruch, um seine eigene Überzeugung im Streit gegen Gegner durchzusetzen, sondern um die Wahrhaftigkeit der Botschaft mit apostolischer Autorität zu legitimieren.[57]

Gegenargument: Dasselbe werden die sich auf Paulus berufenden »Gegner« mit dem gleichen Recht tun. Überdies kann man schwerlich die »eigene Überzeugung« von der »Botschaft« trennen. Laut Zimmermann lassen sich die »Wahrhaftigkeit und Gültigkeit der biblischen Botschaft … nicht auf eine historische Korrespondenz-Wahrheit … (reduzieren), die sich an der Übereinstimmung zwischen Verfasserangabe und tatsächlichem Autor einer Schrift entscheidet.«[58] Der Fälscher wisse zwar, dass seine Verfasserangabe nicht zutreffe, und »lüge« daher. Doch habe er gerade *keine* Täuschungsabsicht und wolle keinen falschen Glauben erzeugen. Vielmehr sei »die ›Lüge‹ … gerechtfertigt, um den wahren Glauben zu schützen.«[59] Dies begründet Zimmermann weiter:

Der bereits für die griechisch-römische Antike nachgewiesene Begriff von »geistigem Eigentum« ist für die vielfach anonym überlieferte Botschaft der jüdisch-christlichen Tradition kaum anwendbar. Wahrheit im jüdisch-christlichen Sinn basiert unabhängig vom einzelnen Autor auf einer religiösen Verwurzelung und wird durch kollektive Strukturen ver-

---

[56] Zimmermann, Lügen, S. 267.
[57] Zimmermann, Lügen, S. 268.
[58] Zimmermann, Lügen, S. 268–269.
[59] Zimmermann, Lügen, S. 269.

bürgt, die in geschichtlichen Vollzügen sichtbar werden. ... Gerät dieses Spannungsverhältnis aus Traditio und Innovatio in den Konflikt konkurrierender Meinungen, wird das Phänomen der Pseudepigrafie geradezu evoziert. Denn im Streit um die aktuelle Geltung des Evangeliums wurde die Rückbindung an durch Personen verbürgtes Traditionsgut unerlässlich. So kann man eine apostolische Autorität vortäuschen, um die Gültigkeit der Botschaft für die Gegenwart zu bezeugen, oder überspitzt formuliert: Lügen für die Wahrheit.[60]

Zimmermann lehnt also den Gebrauch der Korrespondenztheorie von »Wahrheit« für die biblische Botschaft ab. Nach dieser Theorie ist eine Aussage dann »wahr«, wenn sie mit der Sache übereinstimmt, über die sie gemacht wird (vgl. dazu bereits oben, S. 10–11). Für Zimmermann dagegen ist eine Aussage dann »wahr«, wenn sie an der Überlieferung des »rechten Glaubens« orientiert ist. Solch eine Aussage hat aber mit »Wahrheit« nichts mehr zu tun. Ja, mehr noch: Ein derartiges Wahrheitsverständnis blockiert das Denken, weil es verhindert, dass entscheidende Lebensfragen rational erörtert werden können. Nicht zufällig lässt er in diesem Zusammenhang »Wahrheit« wieder eine Sache für den Einzelnen sein:

Biblische Wahrheit ist um ihrer Lebendigkeit willen keine »objektive« Wahrheit, sondern immer zutiefst subjektbezogene, existentiale Wahrheit. Sie ist nicht im Text bereits vorgegeben, sondern ereignet sich gerade im Akt des Lesens je und je neu. Pseudepigraphe Schriften sind besonders auf diesen Akt des Lesens, auf die Wirksamkeit der Botschaft bei den Rezipienten ausgerichtet. In diesem Sinn können sich die pseudepigraphen Schriften des Neuen Testaments zwar als »unecht« – aber dennoch als »wahr« erweisen.[61]

Nach dem Verständnis *aller* Schriften des Neuen Testament ist »Wahrheit« in der Tradition bereits enthalten. Beispielsweise bezieht sich Paulus auf die Wahrheit als eine Größe, die im Evan-

[60] Zimmermann, Lügen, S. 272.
[61] Zimmermann, Unecht, S. 36.

33

gelium vorgegeben ist.[62] Sie ist Bestandteil der ihm überlieferten Tradition, die er an seine Gemeinden weitergegeben habe.[63] Zimmermanns Ausführungen über die Wahrheit, die sich im Akt des Lesens je und je neu ereigne, sind daher unzulässige Modernisierungen. Mit ihnen zieht sich Zimmermann auf eine unhinterfragbare Position zurück, die sich der Möglichkeit wissenschaftlicher Kritik entzieht. Er spielt mit den Begriffen »wahr« und »unecht«, ohne sich auf die wissenschaftliche Wahrheitssuche einzulassen.

Sechstens: Die falsch zugeschriebenen Briefe des Neuen Testaments sind keine Fälschungen, sondern »Deuteropaulinen« oder »pseud-epigraphe Briefe«

Gerd Theißen hält es für »eines der großen Probleme der Literaturgeschichte des Neuen Testaments«[64], wie eine »Pseudepigraphie des guten Gewissens« entstehen konnte – »in einer Gruppe, die sich der Wahrheit verpflichtet wusste.«[65] Er fragt daher: Wie vermochten »Christen mit ihrem hohen Wahrheitsethos so viele unechte Briefe (zu) schreiben?«[66] Diesen Befund wertet Theißen aber nicht negativ und spricht mit Blick auf unter falschem Namen verfasste Paulusbriefe weder von unechten Schreiben noch von Fälschungen. Man solle sie vielmehr »Deuteropaulinen« nennen und die anderen neutestamentlichen Texte mit unrichtiger Verfasserangabe »pseud-epigraphe Briefe«.[67] Da die Mitarbeiter des Paulus Koautoren waren, wie z.B. in Phil 1,1, und Boten, wie z.B. in 1Kor 4,17, hätten sie sich zu Recht als Stellvertreter des Apostels angesehen.

Das befähigte sie dazu, ohne Fälschungsbewusstsein unechte Briefe zu schreiben und zu verbreiten. Die Autoritätslücke nach dem Abtreten

---

[62] Vgl. Gal 2,5. 14.
[63] Vgl. 1Kor 11,23; 15,1–3; Gal 1,11–12.
[64] GERD THEISSEN: Die Entstehung des Neuen Testaments als literaturgeschichtliches Problem, Heidelberg 2007, S. 154.
[65] THEISSEN, Entstehung, S. 154.
[66] GERD THEISSEN: Das Neue Testament, München 2002, S. 82.
[67] THEISSEN, Testament, S. 81.

der ersten Generation erklärt darüber hinaus, warum die Produktion unechter Briefe anstieg. Sie wurden gebraucht. Die Existenz einer lebendigen Paulusschule erklärt schließlich, warum die meisten pseudepigraphen Briefe Paulus zugeschrieben wurden.[68]

Aus der Sitte der Pythagoreer, ihrem verehrten Schulgründer Pythagoras ihre eigenen Lehren zuzuschreiben und ihn als deren Verfasser einzusetzen, sei – so Theißen – ein analoges Phänomen für den Kreis um Paulus zu erschließen.

Zwischen Paulus und seinen Mitarbeitern aber bestand ein noch engeres Band, in dem m.E. der Schlüssel für die Entstehung der urchristlichen Pseudepigraphie zu suchen ist: Seine Mitarbeiter waren seine Stellvertreter. Sie traten in den Gemeinden als seine Boten auf und überbrachten seine Worte. In diesem Sinn empfiehlt Paulus Timotheus den Korinthern: »Er wird euch erinnern an meine Weisungen, wie ich sie als Diener Christi Jesu überall in den Gemeinden gebe« (1 Kor 4,17). Wenn Timotheus schon zu dessen Lebzeiten als Sprecher des Paulus auftreten konnte, warum sollte er es nicht nach dessen Tod fortsetzen? Das galt für alle Mitarbeiter des Paulus. Sie kannten sehr viel mehr Äußerungen von Paulus als das, was er in den Briefen hinterlassen hatte.[69]

Theißen fährt fort:

Durch ihre Berichte aus den Gemeinden, ihre Vorschläge für eine Antwort waren sie de facto Mitverfasser seiner Briefe. … Nach dem Tod des Paulus aber konnten solche Mitarbeiter das Bewusstsein haben: Wenn wir die Theologie des Paulus mitentwickelt haben und vom ihm als Mitverfasser seiner Briefe betrachtet wurden, so sind wir auch weiterhin sein Sprachrohr. Man muss also keine Fälschungsabsicht unterstellen, um zu erklären, warum sie Briefe im Namen des Paulus schrieben. Sie meinten, seine authentische Stimme zu sein![70]

---

[68] THEISSEN, Testament, S. 85.
[69] THEISSEN, Testament, S. 83.
[70] THEISSEN, Testament, S. 83–84.

Kritik:

a) Die Frage, ob Fälschung vorliegt, ist nicht davon abhängig, ob die Schüler des Paulus *meinten*, Stimme des Paulus zu sein. Menschen können durchaus fälschen und dabei gleichzeitig meinen, Stimme eines anderen Menschen oder eines höheren Wesens zu sein.

b) Die Paulusschüler erwecken in ihren literarischen Äußerungen gezielt den Eindruck, als ob Paulus selbst schreibe. Sie täuschen bewusst.

c) Auch wenn sich die Paulusschüler als Stellvertreter des Paulus wähnten, fällt auf, dass sie die Verfasserfiktion sehr geschickt eingesetzt haben. Auch ein Fälscher kann sich als Stellvertreter des Paulus sehen.

d) Der Hinweis auf die Schule des Pythagoras als Analogie für die Schule des Paulus greift fehl (siehe oben, S. 18–19). Außerdem gehören die *Briefe* des Paulus einer anderen Gattung an als *Lehrschriften* oder *Traktate* aus Schulen. Dies erschwert einen Vergleich und erlaubt keine Analogieschlüsse.[71]

e) Die Institution einer Schule des Paulus ist nicht nachzuweisen. Weder besaß der paulinische Mitarbeiterkreis jemals »einen institutionellen Charakter oder wurde er zum Ansatzpunkt sukzessioneller Praktiken, noch bildete sich Paulus in ihm einen Schülerkreis heran, der nach seinem Tode paulinisches Gedankengut bewahrt oder weitertradiert hätte.«[72] Überdies ist der Begriff »Paulusschule« angesichts vielfacher Konnotationen unbrauchbar.[73]

f) Theißens These einer »Autoritätslücke« nach dem Tod der ersten christlichen Generation lässt sich nicht belegen (vgl. oben, S. 27–29).

Soweit ein Überblick über heute gängige theologische Erklärungen von »gefälschten« neutestamentlichen Briefen. Wir wenden uns nun diesen Texten selbst zu.

---

[71] BAUM, Pseudepigraphie, S. 60–63.

[72] WOLF-HENNING OLLROG: Paulus und seine Mitarbeiter. Untersuchungen zu Theorie und Praxis der paulinischen Mission, Neukirchen-Vluyn 1979, S. 235.

[73] Vgl. STANDHARTINGER, Studien, S. 278.

3. Gefälschte Briefe des Neuen Testaments

Nach einer Kurzgliederung nenne ich zunächst inhaltliche Gründe gegen die Annahme ihrer Echtheit. Anschließend zeige ich, wie die Verfasserfiktion im jeweiligen Text durchgeführt und zu welchem Zweck sie eingesetzt wird. Den Anfang machen fünf angeblich von Paulus stammende Briefe, darauf folgen vier Schreiben, die vorgeben, auf Petrus, Jakobus und Judas zurückzugehen.[74]

Der Brief des »Paulus« an die Kolosser

1,1–8	Adresse und Dank
1,9–2,23	Die Herrschaft Christi über die Welt
3,1–4,6	Ermahnungen
4,7–18	Schluss

Vergleicht man den Kolosserbrief (= Kol) mit den großen Paulusbriefen – Römerbrief, erster Korintherbrief, zweiter Korintherbrief – fallen in sprachlich-stilistischer, aber auch in theologischer Hinsicht etliche Unterschiede ins Auge. So legt Kol 2,12–13 dar, dass die Gläubigen in der Taufe mit Christus gestorben und auferstanden sind, wohingegen laut Röm 6,4–5 die Gläubigen mit Christus zwar starben, aber die Auferstehung noch vor sich haben; und während die Gemeinde gemäß 1Kor 12,12–27 und Röm 12,4–5 insofern der »Leib Christi« ist, als sie mit all ihren Gliedern Christus repräsentiert, gilt das laut Kol 1,18. 24; 2,19 so, dass der »Leib«, also die Gemeinde, Christus, dem Haupt des Leibes, zugehört.

Diese Unterschiede deuten darauf hin, dass der Kol nicht von Paulus, sondern von einem Paulusschüler stammt, der die Theologie des Apostels weiterentwickelt hat. Er bediente sich dabei Überlieferungen aus der kolossischen Gemeinde, die laut Kol 1,7 (vgl. 4,12) ein gewisser Epaphras gegründet hatte.

---

[74] Zum Folgenden vgl. die entsprechenden Übersetzungen in GERD LÜDEMANN / FRANK SCHLERITT: Arbeitsübersetzung des Neuen Testaments, Göttingen 2008.

In Kol 2,6–23 setzt der Verfasser sich mit Gegnern auseinander. Diese fordern nach Kol 2,8. 20 die Verehrung der »Elemente der Welt«, die als kosmische Kräfte den Lauf der Dinge und das Schicksal des Einzelnen bestimmen, und pochen im Zusammenhang damit sowohl auf die Befolgung bestimmter Speisevorschriften als auch Kol 2,16. 21 zufolge auf die Einhaltung von besonderen Kultzeiten. Dem tritt der Autor des Kol entgegen, indem er Christus als den alleinigen Herrn der Welt verkündigt. In Kol 3,1–4,6 legt er dar, dass und in welcher Weise die Glaubenden ihre Lebensführung an der universalen Herrschaft Christi ausrichten müssen.

Der Kol ist die wohl älteste pseudepigraphische Schrift der frühen Kirche und Wegbereiter einer Briefgattung, welche die Entwicklung der urchristlichen Literatur stark geprägt hat. Sein Autor erweckt gezielt den Eindruck, dass der Kol vom wirklichen Paulus stamme, und nimmt so das Ansehen des Apostels in Anspruch, um die eigenen theologischen Ziele planvoll durchzusetzen.

a) Er lässt »Paulus« die Gegner in einem Umfeld bekämpfen, das der historische Paulus nie betreten hat – nämlich in seinem eigenen.

b) Die Anweisung in Kol 4,16, den Kol mit dem Brief an die Gemeinde der Laodizener auszutauschen, soll zeigen: Bereits der historische Paulus hat zu seinen Lebzeiten die Sammlung seiner Briefe begonnen. Der Verfasser des Kol, der dies vorantreibt, fingiert, dass er sich zu Recht auf den Apostel berufen kann.

c) Er greift in Kol 4,10–14 auf eine Grußliste aus dem echten Brief des Paulus an Philemon (23–24) zurück und erweckt den Eindruck, dass der Kol etwa gleichzeitig mit dem Philemonbrief entstanden sei. Dazu gehört auch, dass er Paulus in Kol 4,3. 10. 18 als Gefangenen zeichnet, wie es der Brief an Philemon (Vers 23) voraussetzt. Weiter erwähnt er in Kol 4,9 den Onesimus (vgl. Philemon 10–11) und in Kol 4,17 den Archippus (vgl. Philemon 2).

d) Zwecks Beglaubigung der vermeintlichen Briefechtheit tut Pseudo-Paulus in Kol 4,18 so, als ob der Apostel selbst unterschreibt. Die Authentisierung eines ganzen Briefs durch eine Signatur ist typisch für gefälschte Texte; sie kommt auch 2Thess 3,17 vor.

e) Nicht nur der Verfasser des Kol ist fingiert, sondern auch die Empfängergemeinde. Denn zusammen mit Laodizea wurde Kolossä im Jahr 60/61 n.Chr. wahrscheinlich durch ein Erdbeben zerstört[75], und von einer christlichen Gemeinde in Kolossä hören wir in der Zeit danach nichts mehr, wohl aber von einer Gemeinde in Laodizea.[76] »Gerade die Nicht-Existenz der kolossischen Gemeinde erleichtert … die Möglichkeit der Brieffiktion: Wenn ein nicht mehr lebender Autor an eine nicht mehr existierende Gemeinde schreibt, kommen Fragen nach der Authentizität vom Verfasser erst gar nicht auf!«[77]

Der Brief des »Paulus« an die Epheser

1,1–23	Adresse; Lob Gottes
2,1–3,21	Der göttliche Heilsplan: die Berufung der Heiden
4,1–6,20	Der Lebenswandel gemäß der Berufung
6,21–24	Schluss

Das alles beherrschende Thema des Epheserbriefs (= Eph) ist die Kirche. Kap. 1–3 betonen, dass der Tod Christi die Wand, durch die Juden und Heiden einst voneinander getrennt waren, weggenommen hat. Beide Gruppen gehören fortan, wie Eph 2,11–22 belegt, zu der einen Kirche, die, wie aus Eph 1,22–23; 2,4–7 hervorgeht, schon in der Gegenwart die Fülle des Heils in sich fasst. Kap. 4–6 fordern die Gläubigen dazu auf, die Einheit der Kirche durch einen ihr entsprechenden Lebenswandel zu bewahren.

---

[75] Tacitus, Annalen 14,27,1 berichtet davon, dass Laodizea im Jahr 60/61 n.Chr. von einem Erdbeben zerstört wurde. Davon war dann die 14 km entfernt gelegene Stadt Kolossä ebenso betroffen.

[76] Vgl. Offb 3,14–21.

[77] BERNHARD HEININGER: Die Rezeption des Paulus im 1. Jahrhundert. Deutero- und Tritopaulinen sowie das Paulusbild der Apostelgeschichte in: Oda Wischmeyer (Hrsg.): Paulus. Leben – Umwelt – Werk – Briefe, Tübingen 2006, S. 309–340, hier S. 315.

Auffällig ist die Nähe des Eph zum Kol. Der Eph hat fast die Hälfte des Kol wörtlich und zwei Drittel des Kol inhaltlich aufgenommen. So finden sich für den in Eph 1,22; 4,15; 5,23 erscheinenden Gedanken, dass Christus das Haupt seines Leibes, der Kirche, ist, Entsprechungen in Kol 1,18 und 1,24. All dies deutet auf literarische Abhängigkeit hin. Die Annahme, dass dabei der Kol dem Eph als Vorlage gedient habe – nicht umgekehrt –, empfiehlt sich aus folgenden Gründen:

a) Die Ermahnungen in Eph 5,23–6,9 sind detaillierter als ihre Parallelen in Kol 3,18–4,1.

b) Die unpolemischen ekklesiologischen Darlegungen des Eph lassen sich besser erklären, wenn man davon ausgeht, sie seien jünger als die vom Verfasser des Kol im Kampf gegen »Häretiker« entfalteten christologischen Ausführungen.

c) In ethischer Hinsicht ist im Eph aus der Forderung nach einem himmlischen Wandel auf Erden (vgl. Kol 3,1–2. 5: » ... Sucht, was droben ist ... Tötet nun die Glieder, die auf der Erde sind ...«) die Forderung nach einer Konfrontation mit der nichtchristlichen Umwelt geworden (vgl. Eph 4,17–19: nicht mehr leben wie die Heiden; 5,3–14: als Kinder des Lichts in Abgrenzung zu den fruchtlosen Werken der Finsternis leben).

d) Ferner kennt Kol noch die Erwartung des Kommens Christi (Kol 3,4: »Wenn Christus offenbar wird, euer Leben, dann werdet auch ihr mit ihm offenbar werden in Herrlichkeit«), während Eph sie restlos aufgibt. Eschatologie ist hier immer gegenwärtig und vollständig von der Kosmologie verschlungen. Raumvorstellungen sind im Eph grundlegend. Die Welt besteht aus Sphären, deren unterster Teil die Erdoberfläche und deren oberer Bereich der Himmelsraum ist. Es gibt keine Unterwelt und keine unterirdische Hölle mehr. Der Teufel haust vielmehr zwischen Himmel und Erde in der Luft (Eph 2,2). Der Blick der Christen richtet sich nicht mehr nach vorn, sondern nach oben.

Wenn der Kol Vorlage für den Eph war und wenn der Kol entgegen dem Briefschreiber selbst nicht vom historischen Paulus stammt, dann folgt daraus: Auch der Eph ist kein authentisches Schreiben des Apostels. Der Eph hat zudem eine Fülle von schwer überschaubaren Satzgebilden; derartiges ist dem Kol fremd. Diese stilistischen Unterschiede zwischen beiden Schreiben machen deutlich: Sie haben nicht denselben Verfasser.

Die Vorspiegelung paulinischer Verfasserschaft hat die Aufgabe, dem Eph apostolische Autorität und allgemeine Verbindlichkeit zu sichern. Dazu passt, dass Eph 1,1 *ohne Ortsangabe* der älteste erreichbare Text ist. Dabei ist dem Verfasser des Eph wichtig, seiner Schrift einen genauen Platz im Leben des Paulus anzuweisen. Das versucht er mit einer Notiz über Tychikus (Eph 6,21–22), die Kol 4,7–8 entspricht, und mit einer Erwähnung der Haft des Paulus (Eph 3,1), die an Kol 4,18 anknüpft. Der damalige Leser soll meinen, der Eph sei mit dem Kol gleichzeitig und stamme aus derselben Gegend wie dieser.

Die Briefe des »Paulus« an Timotheus und an Titus

Erster Timotheusbrief

1,1–2	Adresse
1,3–20	Beauftragung mit der Ketzerbekämpfung
2,1–3,16	Beauftragung mit der Kirchenordnung
4,1–16	Ketzerbekämpfung
5,1–6,2	Kirchenordnung
6,3–21	Ermahnung

Zweiter Timotheusbrief

1,1–18	Adresse und Einleitung
2,1–4,8	Mahnungen an Timotheus
4,9–21	Persönliche Mitteilungen und Schluss

Titusbrief

1,1–4	Adresse
1,5–16	Aufgaben des Titus auf Kreta

| 2,1–3,11 | Ordnung der Gemeinde |
| 3,12–15 | Schluss |

Der erste Timotheusbrief (= 1 Tim) gehört mit dem zweiten Timotheusbrief (= 2 Tim) und dem Titusbrief (= Tit) eng zusammen. Denn diese drei Dokumente setzen die gleichen Organisationsformen und ähnliche Zustände in den Gemeinden voraus. Sie haben ferner dieselben Widersacher im Blick und vertreten das Ideal einer christlichen Bürgerlichkeit, die sich durch Rechtschaffenheit und Frömmigkeit auszeichnet. Weil die Schriftstücke vornehmlich Anordnungen zum Hirtenamt, d.h. zur Leitung der Gemeinde, enthalten, hat sich für sie der Name »Pastoralbriefe« (= Past) eingebürgert, von lat. *pastor* = Hirte. Es handelt sich um ein bewusst komponiertes dreiteiliges Briefcorpus.[78]

Das Selbstzeugnis der Past, von Paulus verfasst zu sein, trifft mit Sicherheit nicht zu. Dieses Urteil stützen vier Gründe:

a) Abweichendes Vokabular. Paulinische Schlüsselwörter wie »Sohn Gottes« und »Leib« fehlen, während sich Begriffe wie »Frömmigkeit« und »Lehre« in den Vordergrund schieben.

b) Beträchtliche theologische Unterschiede verglichen mit der Theologie des historischen Paulus. So erscheint der Glaube in den Pastoralbriefen im Gegensatz zu Paulus als eine von mehreren christlichen Tugenden.[79]

c) Die sich in den Past widerspiegelnden Verhältnissen der zweiten und dritten urchristlichen Generation. 1 Tim 3,1 und Tit 1,7 zufolge hat ein »Aufseher« bzw. »Bischof« die Leitung der Gemeinde inne.

d) Der Befund, dass sich die biographischen Daten, die sie enthalten, nicht oder nur künstlich mit den sonstigen Überlieferungen über den Apostel in Einklang bringen lassen. So hat laut Tit 1,5 Pau-

---

[78] Diesen Konsens kritisiert Jens Herzer: Fiktion oder Täuschung? Zur Diskussion über die Pseudepigraphie der Pastoralbriefe, in Jörg Frey u.a. (Hgg.): Pseudepigraphie und Verfasserfiktion in frühchristlichen Briefen, Tübingen 2009, S. 489–534, hier S. 513 u.ö.

[79] Vgl. 1 Tim 4,12; 6,11; 2 Tim 2,22; 3,10–11.

lus auf Kreta missioniert, was mit den echten Paulusbriefen nicht zu vereinbaren ist.

Der Verfasser der Past nimmt die Autorität des Paulus in Anspruch, um den Apostel Antworten auf Fragen geben zu lassen, die sich erst Anfang des 2. Jahrhunderts ergeben haben. Er will damit zugleich das Erbe der paulinischen Tradition, wie er es versteht, bewahren. Bei der Komposition der drei Briefe, in denen sich die Vorschriften zur Organisation der Gemeinde regelmäßig mit Ausführungen zum Kampf gegen »Ketzer« abwechseln, greift er oft auf die ihm vertraute gottesdienstliche Liturgie zurück.[80]

Die Past wollen durch die Erwähnung biographischer Details den Eindruck paulinischer Autorschaft erwecken. Sie täuschen ihre Leser gezielt und maßen sich die Autorität des Apostels raffiniert an.[81] »Die scheinbar konkreten, historischen Konstellationen sind in Wirklichkeit typische Situationen des kirchlichen Amtes bzw. auch des Glaubens in der Kirche der Pastoralbriefe. Sie werden hier in das briefliche Wort des ›Paulus‹ gekleidet und … zu diesem Zweck ›historisiert‹, ›einmalig‹ und ›damalig‹ gemacht.«[82] Besonders 2Tim 4,13 baut die Echtheitssuggestion aus und lässt Paulus die Bitte aussprechen, ihm seinen Mantel nach Troas zu bringen. All das legt den Verdacht einer absichtlichen Irreführung nahe, es sei denn, der Verfasser hätte damit rechnen können, dass seine Leser und Leserinnen die Fiktion durchschauen. Indes empfiehlt sich keinesfalls die Annahme einer »Pseudepigraphie ohne Pseudos« – einer »Falschzuschreibung ohne Falsch«. Das Problem der Annahme einer offenen Pseudepigraphie im Urchristentum liegt in Folgendem: Die Texte selbst enthalten keine Hinweise auf eine sol-

---

[80] Vgl. z. B. 1Tim 2,5–6; 3,16; 6,11–12; 6,15–16; 2Tim 1,9–10; 2,11–13; Tit 3,4–7.

[81] Vgl. NORBERT BROX: Zum Problemstand in der Erforschung der altchristlichen Pseudepigraphie (1973), in: ders.: Pseudepigraphie in der heidnischen und jüdisch-christlichen Antike, Darmstadt 1977, S. 311–334, hier S. 324.

[82] NORBERT BROX: Zu den persönlichen Notizen der Pastoralbriefe (1969), in: ders. (Hg.): Pseudepigraphie in der heidnischen und jüdisch-christlichen Antike, Darmstadt 1977, S. 272–294, hier S. 294.

che Redeform, und auch andere Quellen lassen eine entsprechende Einstellung auf Seiten der Leser nicht erschließen.[83] (Vgl. dazu auch unten, S. 49.)

Zugleich steht immerhin fest, dass der Verfasser der Past die Aussagen der echten Paulusbriefe nicht absichtlich verfälscht hat. Er meinte zweifellos, Paulus gerecht zu werden, und war überzeugt, dass die Gegner den Apostel verunstalteten.[84]

Der Brief des »Jakobus«

1,1	Adresse
1,2–18	Von Versuchungen
1,19–27	Vom Hören und Tun
2,1–13	Vom unparteiischen Urteil
2,14–26	Von Glauben und Werken
3,1–12	Von der Zunge
3,13–4,12	Von der Streitsucht
4,13–5,6	Von weltlich gesinnten Reichen und Kaufleuten
5,7–12	Von der Geduld bis zur Ankunft des Herrn
5,13–20	Vom Gebet und von der Rettung verirrter Brüder

Der Jakobusbrief (= Jak) richtet sich laut Jak 1,1 an »die zwölf Stämme, die in der Zerstreuung sind«. Damit sind, wie der Inhalt des Briefes zeigt, offenbar nicht Judenchristen angesprochen, sondern die ganze Kirche, deren Mitglieder als das wahre Israel in Fremdlingsschaft auf Erden leben. Ein brieflicher Schluss fehlt.

Der fast ausschließlich aus Ermahnungen und weisheitlichen Sprüchen bestehende Brief folgt keinem erkennbaren Gedankengang; die einzelnen Abschnitte sind zuweilen lediglich durch Stichworte miteinander verbunden. Das erschwert eine historische Näherbestimmung des Briefes ungemein.

---

[83] Vgl. ANNETTE MERZ: Die fiktive Selbstauslegung des Paulus. Intertextuelle Studien zur Intention und Rezeption der Pastoralbriefe, Göttingen 2004, S. 198.
[84] MERZ, Selbstauslegung, S. 384.

Das Schreiben wurde vermutlich um die Wende vom ersten zum zweiten Jahrhundert abgefasst; der Entstehungsort ist unbekannt. Die Annahme, es stamme vom Jesusbruder Jakobus – dessen Autorschaft in 1,1 fingiert ist –, vertreten moderne Exegeten nur noch selten. Das elegante Griechisch des Jak, dessen Qualität dem Hebräerbrief näher steht als den Briefen des Paulus, ist dem Galiläer Jakobus kaum zuzutrauen.

Durchführung und Absicht der pseudepigraphischen Fiktion lassen sich an zwei Punkten beobachten:

a) Jakobus galt in den ersten beiden Jahrhunderten als ethisches Vorbild und hieß »der Gerechte«[85]. Dies ließ »ihn für einen Brief wie den Jak in seinem Charakter als ethisches Korrekturschreiben als passende Autorität erscheinen«.[86]

b) Jak 2,14–26 korrigiert, ja attackiert die Rechtfertigungslehre des Paulus.[87] Gegen die These des Heidenapostels, Abraham sei nur aufgrund des Glaubens gerechtfertigt worden[88], betont der Jak, die Rechtfertigung Abrahams sei nicht allein aus Glauben, sondern zugleich aus Werken geschehen.[89] Damit bezieht sich der Jak auf die Auseinandersetzungen des Paulus mit Gesetzeslehrern, die sich auf den Herrenbruder Jakobus beriefen[90], und vertritt einen vermittelnden Standpunkt.

---

[85] Vgl. Euseb, Kirchengeschichte 4,22,4. Die Bezeichnung des Jakobus als des Gerechten wird tradiert von Hegesipp, der – aus Palästina gebürtig – gegen Mitte des zweiten Jahrhunderts über Korinth eine Reise nach Rom unternahm. Sie findet sich in weiteren Quellen aus dem zweiten Jahrhundert und stammt sicher aus dem ersten Jahrhundert. Vgl. GERD LÜDEMANN: Paulus der Heidenapostel, Band II. Antipaulinismus im frühen Christentum, Göttingen ²1990, S. 212–257.

[86] MATTHIAS KONRADT: »Jakobus, der Gerechte«. Erwägungen zur Verfasserfiktion des Jakobusbriefes, in: Jörg Frey u.a. (Hgg): Pseudepigraphie und Verfasserfiktion in frühchristlichen Briefen, Tübingen 2009, S. 575–597, hier S. 595.

[87] Vgl. LÜDEMANN, Paulus II, S. 197–201.

[88] Vgl. Röm 4,2–3; Gal 3,6.

[89] Vgl. das Fazit Jak 2,24.

[90] Vgl. z.B. Gal 2,12.

Der erste Brief des »Petrus«

Der erste Petrusbrief (= 1Petr) gibt sich, wie aus 1Petr 1,1 hervorgeht, als ein Rundschreiben an »die auserwählten Fremdlinge in der Diaspora von Pontus, Galatien, Kappadozien, Asien und Bithynien« aus. Es nennt in 1Petr 5,13 »Babylon« als Abfassungsort – damals ein Deckname für die Welthauptstadt Rom[91]. Doch spricht die äußere Bezeugung des 1Petr in der alten Kirche gegen Rom als Abfassungsort. Eher stammt das Schreiben aus Kleinasien.[92] Überdies passt Babylon-Rom als fingierte Größe zu einem pseudepigraphischen Schreiben.

Der pseudonyme Verfasser des 1Petr verarbeitet die »Diasporasituation« des christlichen Lebens und rät in 1Petr 1,6–7; 5,4. 8. 10 den Gemeinden, diese Situation als letzte, kurze Prüfung vor dem Ende anzunehmen; in 1Petr 2,12. 19; 3,16 empfiehlt er, die Verleumdungen und Schmähungen heidnischer Zeitgenossen geduldig zu ertragen. »Petrus« reagiert hier zugleich, wie aus 1Petr 4,12–16 hervorgeht, auf eine konkrete Verschärfung der Verfolgungssituation. Da 1Petr 5,9 die Aussagen über das »Leiden« auf die Brüder in der Welt – dem gesamten römischen Reich – ausweitet, kann man dabei an die Christenverfolgungen unter Kaiser Domitian (81–96 n.Chr.) gegen Ende des ersten Jahrhunderts denken.

---

[91] Vgl. Offb 14,8; 16,19; 17,5; 18,2. 10. 21.

[92] Bischof Polykarp von Smyrna zitiert in der ersten Hälfte des zweiten Jahrhunderts den 1Petr mehrfach: Brief an die Philipper 1,3 (1Petr 1,8); 2,1 (1Petr 1,13); 2,2 (1Petr 3,9); 8,1 (1Petr 2,24). Vgl. REINHARD FELDMEIER: Der erste Brief des Petrus, Leipzig 2005, S. 29. Siehe weiter VIELHAUER, Geschichte, S. 587–589.

Die pseudepigraphische Rahmung 1 Petr 1,1–2; 5,12–14 zeigt, dass der Verfasser – obwohl theologisch in paulinischer Tradition stehend – sein Schreiben nicht wie die Deuteropaulinen unter der Autorität des Paulus, sondern bewusst unter der des Petrus publiziert. Petrus gilt ihm als die höhere apostolische Respektsperson – das zeigt die Wahl gerade dieses Pseudonyms. Andererseits will er »Paulus« einbeziehen; daher in 1 Petr 5,12–13 die Nennung der Paulusbegleiter Silvanus[93] und Markus[94].

1 Petr 5,1 ist die einzige Stelle im gesamten Briefcorpus – außerhalb des Rahmens 1 Petr 1,1; 5,12–14 –, an der der Autor den vorgeblichen Verfasser Petrus in der ersten Person auftreten lässt. Er redet als »Mitpresbyter«, welcher der historische Petrus *nicht* war »Möglicherweise fällt hier der reale Verfasser aus seiner Fiktion, der Apostel zu sein, heraus und spricht als das, was er ist, als christlicher Presbyter.«[95] In diesem Fall ließe sich eine Parallele zum Presbyter ziehen, den wir aus dem Bericht Tertullians kennen (siehe oben, S. 11–12). Nur hätte unser Presbyter mehr Glück gehabt als dieser; er wurde ja nicht der Fälschung apostolischer Dokumente überführt, seine Fiktion gelangte als Brief des Apostels Petrus später sogar in den neutestamentlichen Kanon.[96]

Wie die fiktive Absenderangabe 1 Petr 1,1 zeigt, soll der Petrus des Zwölferkreises[97] den Brief verfasst haben. Das Schreiben beansprucht demnach apostolische Vollmacht und Herkunft. In dem Stil, in dem Paulus besonders im Galaterbrief und Römerbrief sich als überragenden Apostel einführt und seinen Briefen Würde gibt, verleiht im 1 Petr ein unbekannter Autor seinem Schreiben mit literarischer Finesse den Rang eines Ursprungsdokuments der Kirche. Damit will er die allgemeine Beachtung des 1 Petr sicherstellen.

---

[93] Vgl. 1 Thess 1,1; 2 Kor 1,19.

[94] Vgl. Apg 15,37–38.

[95] FELDMEIER, 1 Petr, S. 155.

[96] Vgl. PAUL A. HOLLOWAY: Coping with Prejudice. 1 Peter in Social-Psychological Perspective, Tübingen 2009, S. 17.

[97] Vgl. 1 Kor 15,5: Christus »erschien Kephas, dann den Zwölfen.« *Kêphas* ist die aramäische Form von griechisch *Petros*.

Der zweite Brief des »Petrus«

Beim zweiten Petrusbrief (= 2Petr) handelt es sich um eine antihäretische Kampfschrift, die zum großen Teil aus verdammenden Urteilen und polemischen Abgrenzungen besteht. Der unbekannte Verfasser kennt den Judasbrief und nimmt ihn fast vollständig auf. Der Hauptzweck seines Schreibens ist die Verteidigung der Erwartung des baldigen (Wieder-)Kommens Jesu. Die Zweifler berufen sich auf eine Sammlung von Paulusbriefen und auf »die übrigen Schriften«, d. h. das Alte Testament. Demgegenüber verwahrt sich der Verfasser gegen jede »eigenmächtige Auslegung« der Schrift. Ebenso wichtig ist die Bindung der Gemeinde an das Gesamtzeugnis der Apostel. Die apostolische Tradition wird so zu einem Bollwerk gegen die Irrlehre.

Der 2Petr enthält eine entwickelte Form pseudepigraphischer Schriftstellerei.

a) Der Absender ist gemäß 2Petr 1,1 der Apostel Symeon Petrus, der auch Augenzeuge bei der Verklärung Jesu gewesen ist, so 2Petr 1,16–18.

b) »Petrus« spricht testamentarisch als der große Apostel, dem in 2Petr 1,13–15 Jesus Christus seinen baldigen Tod kundgetan hat.

c) »Petrus« beansprucht in 2Petr 3,1 die Autorität des 1Petr für sich und bezieht sich in 2Petr 3,15–16 apostolisch gleichrangig auf den »Bruder Paulus«.

d) »Petrus« äußert sich in 2Petr 2,1–3 nicht nur über die künftigen Ketzereien, sondern setzt gegen sie in 2Petr 3,3. 17 zugleich sein rückdatiertes Schreiben ein.[98]

---

[98] Vgl. BROX, Verfasserangaben, S. 18–19.

Zur Pseudepigraphie im 2Petr nehmen manche Forscher an, die literarische Fiktion sei durchschaubar und geschehe ohne Täuschungsabsicht. (Ähnliches haben Exegeten für die Past erwogen, siehe oben, S. 43–44.) So schreibt Gerd Theißen: Im »2Petr könnte eine für den damaligen Leser durchschaubare falsche Autorenzuschreibung vorliegen – eine offene Pseudepigraphie ohne Betrugsabsicht. Zu offensichtlich ist, dass Petrus einerseits vor Irrlehrern nach ihm warnt, andererseits so tut, als sei er zeitgleich mit ihnen. Diese Irrlehrer sprechen davon, dass die Väter gestorben sind – zu denen doch Petrus selbst gehört (2Petr 3,4).«[99]

Kritik: Gerade der 2Petr enthält verstärkt Echtheitsbekräftigungen, die den Leser von der Wahrheit der eingesetzten Verfasserangabe überzeugen sollen. Wenn der falsche Autorenname durchschaubar wäre, hätte der unbekannte Verfasser – ebenso wie der Autor der Past – sich selbst durch die offene Pseudepigraphie die Autoritätsbasis, die er zuvor geschaffen hatte, unter den Füßen weggezogen.[100]

Der Brief des »Judas«

1–2	Präskript
3–4	Anlass und Zweck des Schreibens
5–16	Irrlehrerpolemik
17–23	Mahnungen
24–25	Lob Gottes

Der Judasbrief (= Jud) ist weder ein Brief im eigentlichen Sinn noch eine Abhandlung. Vielmehr handelt es sich um einen in Briefform gekleideten polemischen Traktat für eine bestimmte Situation. Er dürfte Anfang des 2. Jahrhunderts verfasst worden sein. Die Apostel gehören, wie V. 3. 17 zeigen, einer viel älteren Generation als der

---

[99] THEISSEN, Testament, S. 93.
[100] Vgl. HANS-JOSEF KLAUCK: Die antike Briefliteratur und das Neue Testament. Ein Lehr- und Arbeitsbuch, Paderborn 1998, S. 304.

Verfasser des Jud und seine Gemeinden an. Der Entstehungsort ist nicht bekannt. Der Absender fingiert im Präskript Jud 1 die Autorenschaft des Judas, des »Bruders des Jakobus«. Damit meint er Jakobus, den Herrenbruder[101], und beansprucht somit, ebenfalls ein leiblicher Bruder Jesu zu sein.[102]

Nach V. 4a sind »Gottlose« von außen in die Gemeinden eingeschlichen und gehören ihnen V. 12 zufolge gegenwärtig weiter an. Vermutlich haben sie ihre entscheidende Prägung durch die paulinische Tradition erfahren. So nimmt V. 4b mit dem Stichwort »Gnade« einen für Paulus zentralen Begriff auf.[103] V. 19 stellt die Dissidenten als »seelische Menschen« ohne Geistbesitz hin. Das erinnert an Debatten des Paulus mit Opponenten in Korinth, denen ein anthropologischer Dualismus von seelischen und geistlichen Menschen zugrunde lag.[104]

Da Jud und 2Petr eng zusammengehören, dürfen wir für den Umkreis des Jud eine kritische Beschäftigung mit den paulinischen Briefen analog 2Petr 3,15–16 erschließen. Die »Gegner« vertreten ein spezifisches Paulusverständnis, während der Verfasser des Jud, in die Defensive gedrängt, Paulus gar nicht erwähnt, aber dessen Schüler angreift. Damit stellt sich der Autor mit der Falschzuschreibung des Briefes an Judas, den Bruder des Jakobus, auf diejenige Seite der frühchristlichen Jakobustradition, die Paulus gegenüber kritisch ist.[105]

---

[101] Vgl. Gal 1,19.
[102] Vgl. Mt 13,55; Mk 6,3.
[103] Vgl. Röm 1,5; 3,24; 5,2.
[104] Vgl. 1Kor 2,14-15; 15,44.
[105] Einen Ausläufer finden wir in Hegesipp (siehe dazu bereits oben, S. 45). Zu den Einzelheiten vgl. LÜDEMANN, Paulus II, S. 212–227.

Die gröbste Fälschung
im Neuen Testament:
Der zweite Thessalonicherbrief

1. Einleitung in den zweiten Thessalonicherbrief

Die Ähnlichkeit des zweiten Thessalonicherbriefs (= 2 Thess) mit dem ersten Thessalonicherbrief (= 1 Thess) in Aufbau und Vokabular ist schon immer aufgefallen. Den Befund fasste Heinrich Julius Holtzmann (1832–1910) vor gut einem Jahrhundert so zusammen: Im Verhältnis zum 1 Thess seien im 2 Thess nur wenige Stücke hinzugekommen[1]; der Rest sei lediglich »Auszug, Paraphrase und Variation, … vielfach geradezu steigernde Wiederholung paralleler Stellen«[2] aus dem 1 Thess. Sätze und Wendungen aus dem 1 Thess machen allein *ein Drittel* des 2 Thess aus.[3]

Das literarische Verhältnis des 2 Thess zum 1 Thess ist in der Tat auffällig.[4] Beispielsweise stimmen die Präskripte (2 Thess 1,1–2 / 1 Thess 1,1) weitgehend überein. Ferner finden sich in 2 Thess 3,8 dreizehn Wörter fast genau in der gleichen Form und Reihenfolge wie in 1 Thess 2,9. Der Aufbau beider Briefe zeigt eine große Übereinstimmung mit jeweils zwei Danksagungen (2 Thess 1,3–12 / 1 Thess 1,2–10; 2 Thess 2,13–14 / 1 Thess 2,13–16), dem feierlichen

---

[1] Heinrich Julius Holtzmann: Zum zweiten Thessalonicherbrief, in: Zeitschrift für die neutestamentliche Wissenschaft 2 (1901), S. 97–108, hier S. 104. Neu seien lediglich der Abschnitt 2 Thess 2,1–12 (genauer: V. 2–9. 11–12) und die Hinleitung dazu in 2 Thess 1,5–6. 9. 12 sowie briefliche Einzelheiten wie 2 Thess 2,15; 3,2. 13. 14. 17.

[2] Holtzmann, Thessalonicherbrief, S. 104.

[3] Vgl. Helmut Köster: Einführung in das Neue Testament im Rahmen der Religionsgeschichte und Kulturgeschichte der hellenistischen und römischen Zeit, Berlin 1980, S. 679.

[4] Vgl. Wolfgang Trilling: Untersuchungen zum zweiten Thessalonicherbrief, Leipzig 1972, S. 42–45.

Abschluss des ersten Briefteils mit einem Gebetswunsch (2Thess 2,16–17 / 1Thess 3,11–13) sowie einem Briefschluss mit Gebetswünschen (2Thess 3,16 / 1Thess 5,23; 2Thess 3,18 / 1Thess 5,28).[5]

Eine Gegenüberstellung macht das deutlich:

Präskript

1Thess 1,1

2Thess 1,1–2

Paulus und Silvanus und Timotheus an die Gemeinde der Thessalonicher in Gott, dem Vater, und dem Herrn Jesus Christus: Gnade euch und Friede!	Paulus und Silvanus und Timotheus an die Gemeinde der Thessalonicher in Gott, unserem Vater, und dem Herrn Jesus Christus: Gnade euch und Friede von Gott, unserem Vater, und dem Herrn Jesus Christus!

Beginn der ersten Danksagung

1Thess 1,2

2Thess 1,3

Wir danken Gott allezeit für euch alle	Wir sind verpflichtet, Gott allezeit für euch zu danken …

Beginn der zweiten Danksagung

1Thess 2,13

2Thess 2,13

Und deshalb danken auch wir Gott unablässig, weil ihr …	Wir aber sind verpflichtet, Gott allezeit für euch zu danken …

---

[5] Vgl. ECKART REINMUTH: Der zweite Brief an die Thessalonicher, in: Nikolaus Walter / ders. / Peter Lampe: Die Briefe an die Philipper, Thessalonicher und an Philemon, Göttingen 1998, S. 157–202, hier S. 160.

Feierlicher Abschluss des ersten Briefteils mit einem Gebetswunsch

1Thess 3,11–13	2Thess 2,16–17
[11] Er selbst aber,	[16] Er selbst aber,
Gott, unser Vater,	unser Herr Jesus Christus,
und unser Herr Jesus …	und Gott, unser Vater …
[13] um eure Herzen zu festigen	[17] möge eure Herzen trösten
	und festigen in jedem guten Werk
	und Wort

Briefschluss mit Gebetswünschen

1Thess 5,23	2Thess 3,16
Er selbst aber, der Gott des	Er selbst aber, der Herr des
Friedens, möge euch heiligen …	Friedens, möge euch den Frieden
	geben …

1Thess 5,28	2Thess 3,18
Die Gnade unseres Herrn	Die Gnade unseres Herrn
Jesus Christus euch!	Jesus Christus euch
	allen!

Wenn man den 2Thess als echt ansähe, müsste man ihn in zeitlicher Nähe des 1Thess geschrieben denken und voraussetzen, dass Paulus sehr bald nach dem ersten Brief wegen neuer Informationen ein weiteres Schreiben an die dortige Gemeinde gerichtet hat. Als einige Christen aus Thessalonich predigten – laut 2Thess 2,2 unter Berufung auf Geisterweis, mündliches Wort, einen angeblich von Paulus stammenden Brief –, der Tag des Herrn stehe unmittelbar bevor bzw. sei da, hätte Paulus in seinem zweiten Brief den »Endfahrplan« ausdrücklich abgeändert. Im Gegensatz zu den im 1Thess gemachten Äußerungen, die das persönliche Erleben des Endes der Welt mit der Wiederkunft Jesu voraussetzen[6], gälten fortan die Angaben

---

[6] Vgl. 1Thess 1,10; 4,15. 17.

von 2Thess 2,3–10: Das Ende tritt erst ein, wenn bestimmte Vorzeichen wie der allgemeine Abfall von Gott und die Offenbarung des Sohnes der Verderbens geschehen sind. Doch von all dem sei noch nichts zu erkennen.

Indes ist die Annahme einer solchen Veränderung, die innerhalb kürzester Frist stattgefunden haben müsste, unwahrscheinlich.[7] »Eine solche Situation wäre … unmittelbar nach der Abfassung des 1Thess kaum denkbar. Sie passt viel besser in eine Zeit nach dem Tode des Paulus, als die Briefe als Vermächtnis des toten Apostels neu an Bedeutung gewannen.«[8]

Es gibt weitere Gründe für die These, der 2Thess sei ein unechter Paulusbrief:

1) Die in 2Thess 2,2 enthaltene Meinung, schon in der ersten Phase der paulinischen Mission habe es einen gefälschten Paulusbrief gegeben, ist ein Anachronismus. Der Streit um Fälschungen und damit auch der 2Thess gehören vielmehr in eine spätere Epoche, als Kontroversen um das Erbe des Apostels begonnen hatten.

2) Wäre 2Thess ein echtes Paulusschreiben, sollte man erwarten, dass sich in ihm eine Besuchsabsicht wie in anderen Briefen des Apostels findet.[9] Das ist aber nicht der Fall.

---

[7] KARL-WILHELM NIEBUHR: Die Paulusbriefsammlung, in: ders. (Hg.): Grundinformation Neues Testament. Eine bibelkundlich-theologische Einführung, Göttingen ³2008, S. 196–293, hier S. 276, hält den 2Thess für echt: »Die Unterschiede in den Ausführungen zum Wiederkommen Christi erklären sich daraus, dass die Agitatoren, auf die Paulus in 2 Thess 2,2f Bezug nimmt, erst aufgetreten bzw. ihm bekannt geworden sind, nachdem er den ersten Brief abgesandt hatte.« *Kritik:* Aus 1Kor 15,51–52 wissen wir, wie Paulus die Aussagen zur Naherwartung in 1Thess 4,13–17 weiterentwickelt hat. Er meinte nun, *nur einige* überlebten bis zum (Wieder-)Kommen Jesu, und korrigierte dadurch seine frühere Sicht, dass *die meisten* nicht sterben würden. Doch bleibt die Naherwartung bestehen. Nehmen wir einmal hypothetisch mit Niebuhr an, dass der 2Thess echt ist, so würde er jedenfalls lange *vor* dem ersten Korintherbrief verfasst worden sein. Sein Zukunftsbild ist jedoch mit dem des 1Kor nicht zu vereinbaren. Es enthält keine Naherwartung und weist in eine Zeit nach dem Ableben des Paulus, als die erste Generation bereits gestorben war.
[8] KÖSTER, Einführung, S. 679.
[9] Vgl. Röm 1,13; 15,22–24; 1Kor 16,5; 2Kor 1,15; 12,14; Phil 1,26; 1Thess 2,18.

3) Wie bereits erwähnt, sind die Zukunftsbilder in den beiden Thessalonicherbriefen verschieden, ja nicht miteinander zu vereinbaren.

4) Ein weiteres Argument gegen die Echtheit des 2Thess liefert der Befund, dass laut 2Thess 2,5 Paulus den verzögerten Eintritt des Endes bereits während der Gründung der Gemeinde gelehrt haben will. Davon kann keine Rede sein. »Dann würde ja aber die Erörterung des ersten Briefs nicht bloß überflüssig gewesen sein, sondern auch die mündliche Belehrung des Apostels völlig verleugnet haben. Ist aber der erste Thessalonicher-Brief ... echt, so kann Paulus weder mündlich noch schriftlich so wie hier gelehrt und geschrieben haben.«[10]

Zwei Versuche, das Urteil über die Unechtheit des 2Thess abzuwenden, führen nicht weiter:

a) Der 2Thess sei älter als der 1Thess.[11]

b) Der 1Thess, der keinen Bezug auf das Alte Testament enthält, richte sich an die mehrheitlich aus Heidenchristen bestehende Gemeinde von Thessalonich – in zweiter Linie aber auch an die Minderheit der dortigen Judenchristen –, der alttestamentlich gefärbte 2Thess dagegen ausschließlich an die Judenchristen. Paulus habe den 2Thess wenige Tage nach dem 1Thess in Richtung Thessalonich geschickt.[12]

Zu a) Die umgekehrte Reihenfolge – 2Thess, 1Thess – lässt sich nicht damit vereinbaren, dass Paulus im 1Thess auf den noch nicht lange vergangenen Gründungsaufenthalt zurückblickt und die seitherigen Kontakte zur Gemeinde schildert.[13] Denn dann ist nicht plausibel zu machen, warum der angeblich ältere 2Thess im Gegensatz zum 1Thess fast keine persönlichen Bezugnahmen auf den Grün-

---

[10] ADOLF HILGENFELD: Die beiden Briefe an die Thessalonicher nach Inhalt und Ursprung, in: Zeitschrift für wissenschaftliche Theologie 5 (1862), S. 225–264, hier S. 250.

[11] Vgl. JOHANNES WEISS: Das Urchristentum, Göttingen 1917, S. 217–219.

[12] ADOLF VON HARNACK: Das Problem des zweiten Thessalonicherbriefs (1910), in: DERS.: Kleine Schriften zur alten Kirche, Band 2, Leipzig 1980, S. 101–119.

[13] 1Thess 2,1–3,5.

dungsaufenthalt des Apostels enthält. Überdies bliebe wenig Zeit für einen weiteren Brief *nach* dem ersten Besuch und *vor* dem 1 Thess.

Zu b) Diese These steht in Widerspruch zu der Tatsache, dass der historische Paulus seine überwiegend heidenchristlichen Gemeinden von Anfang an in der Schrift unterwiesen hat[14] und bei ihnen, wie der erste Korintherbrief und der Galaterbrief zeigen, detaillierte Kenntnisse des Alten Testaments voraussetzt.[15]

Auch wenn 2 Thess nicht von Paulus stammt, so bleibt doch das Motiv seiner Abfassung ein Rätsel. Dient er etwa nur als Kommentar zum rechten Verständnis des 1 Thess? Oder will er ihn geradezu ersetzen?

Die meisten Befürworter der Unechtheit des 2 Thess vertreten folgende These: Der 2 Thess will die durch das Nicht-Eintreten der Parusie widerlegten Zukunftsaussagen des 1 Thess zurechtrücken. Er ist sozusagen ein Kommentar zum rechten Verständnis des 1 Thess. Der Verfasser des 2 Thess »setzt in seinem eigenen Schreiben die Autorität des Paulus voraus, auch im Blick auf dessen Thessalonicherbrief. Er will sie nicht untergraben, sondern in sie korrigierend eintreten und in dieser Hinsicht sein eigenes Schreiben als Leseanweisung für den ersten Brief verstanden wissen.«[16]

Dagegen steht die Minderheitsmeinung, dass der Autor des 2 Thess den 1 Thess nicht kommentieren, sondern ersetzen will.[17] Diese These gilt jedoch in der Literatur als widerlegt, seit William Wrede meinte, der Verfasser des 2 Thess müsse die Echtheit des 1 Thess vorausgesetzt haben, denn er wiederhole viele von dessen Gedankenreihen.[18] Meiner Auffassung nach ist die Ersatztheorie damit keineswegs widerlegt.

---

[14] Man vgl. z.B. das zweimalige »nach den Schriften« 1 Kor 15,3–4.

[15] Vgl. 1 Kor 10,1–22; Gal 3,6–4,31.

[16] REINMUTH, 2 Thess, S. 161.

[17] Vgl. ANDREAS LINDEMANN: Zum Abfassungszweck des Zweiten Thessalonicherbriefes, in: Zeitschrift für die neutestamentliche Wissenschaft 68 (1977), S. 35–47.

[18] Vgl. WILLIAM WREDE: Die Echtheit des zweiten Thessalonicherbriefs untersucht, Leipzig 1903, S. 60.

Angesichts der engen Bindung des 2 Thess an den 1 Thess befrem-
det nämlich der Befund, dass der 2 Thess an keiner Stelle auf den
ersten Brief positiv Bezug nimmt. Falls der 2 Thess den 1 Thess hätte
interpretieren wollen, wäre zu erwarten gewesen, dass »er ausdrücklich auf diesen ersten Brief hinweisen würde – und zwar ganz
unabhängig davon, ob man Paulus oder aber einen Späteren als Vf
ansieht. Einen derartigen Hinweis aber gibt es nicht: 2 Thess
erscheint für sich betrachtet nicht als zweiter, sondern als erster
bzw. einziger Brief des Paulus an die Gemeinde von Thessalonich.«[19]

Warum gibt sich der 2 Thess als den einzigen Brief an die Thessalonicher? Welche Absicht verfolgt sein Verfasser? 2 Thess 2,2
belegt, dass ein als paulinisch geltender Brief die Lehre vertreten
hat, der Tag des Herrn sei nahe bzw. sei da. Durch die Wendung »als
angeblich von uns« bestreitet der Verfasser scharf die Echtheit dieses Briefes.

Die Frage stellt sich: Ist ein Paulusbrief erhalten, der die vom
2 Thess kritisierte Zukunftserwartung vertritt? Man wird an den
1 Thess denken; denn diesen hat der Verfasser des 2 Thess nachge-
ahmt und jedenfalls gekannt.[20] Der 1 Thess lehrte in Kap. 4,15. 17
die unmittelbare Nähe des (Wieder-)Kommens Jesu. Spätere Christen hätten dann unter Bezugnahme auf diese Aussagen behauptet:
»Der Tag des Herrn ist unmittelbar nahe.«[21] Die sich aus dem
1 Thess ergebende Naherwartung brandmarkt der Verfasser des
2 Thess als Irrtum. Der Tag des Herrn, das Gericht Gottes, stehe
nicht unmittelbar bevor. Der Anbruch des Endes habe, wie 2 Thess
2,3–12 zeige, nicht begonnen, denn die dort angesagten Vorzeichen
müssten erst noch eintreten.

---

[19] Lindemann, Abfassungszweck, S. 36.
[20] Deswegen liegt die These, der Verfasser des 2 Thess beziehe sich auf einen
unbekannten Brief, nicht nahe. Anders Hanna Roose: Polyvalenz durch
Intertextualität im Spiegel der aktuellen Forschung zu den Thessalonicherbriefen, in: New Testament Studies 51 (2005), S. 250–269, hier S. 260–261;
Eve-Marie Becker: *Hôs di' hêmôn* in 2 Thess 2.2 als Hinweis auf einen verlorenen Brief, in: New Testament Studies 55 (2009), S. 55–72.

Demnach bezieht sich Pseudo-Paulus in 2Thess 2,2 kritisch auf den 1Thess, während er in 2Thess 2,15 positiv auf »seine« Predigt in Thessalonich und den vorliegenden 2Thess verweist. 2Thess ist also entgegen dem mehrheitlichen Konsens der Forschung kein »Kommentar« zum 1Thess, sondern dessen Ersatz.

Nun behauptet Gerd Theißen, in 2Thess 2,15 werde ausdrücklich »der 1Thess bestätigt, nur seine Deutung soll korrigiert werden.«[22] Er meint weiter: »Der 2Thess ahmt formal den 1Thess nach, um inhaltlich das Gegenteil zu sagen: 1Thess vertritt eine Naherwartung; 2Thess warnt vor ihr.«[23] Aber etwas zu korrigieren, ist etwas anderes, als das Gegenteil zu sagen.[24]

Zur Ersatzthese passt auch 2Thess 3,17: Mittels der Behauptung, jeder echte Paulusbrief enthalte als Echtheitszeichen eine persönliche Unterschrift des Apostels, will der Autor des 2Thess den 1Thess als gefälscht erweisen, denn dieser enthält eine solche Beglaubigung nicht.

Warum aber hat der Autor des 2Thess den 1Thess nur teilweise benutzt und wesentliche Partien, die sich persönlichen oder gemeindespezifischen Fragen zuwenden, ausgelassen?[25] Pseudo-Paulus wollte mit dem 2Thess den 1Thess wegen seiner unheilvollen Naherwartung ersetzen, nicht aber ergänzen oder korrigieren. Er gebrauchte dessen Briefformular, in mancher Hinsicht auch die Gliederung sowie diverse Begriffe und Ausdrücke. Indes setzte er ein anderes Zukunftsbild an die Stelle des im 1Thess enthaltenen

---

[21] Zu weiteren Einzelheiten vgl. die Exegese unten, S. 68–70.

[22] GERD THEISSEN: Das Neue Testament, München 2002, S. 87.

[23] THEISSEN, Testament, S. 86.

[24] Vgl. HANNA ROOSE: 2 Thessalonians as Pseudepigraphic ›Reading Instruction‹ for 1 Thessalonians: Methodological Implications and Exemplary Illustration of an Intertextual Concept, in: Thomas L. Brodie, Dennis R. MacDonald and Stanley E. Porter (edd.): The Intertextuality of the Epistles: Explorations of Theory and Practice, Sheffield 2006, S. 133–151, hier S. 137: «It is hard to see how 2 Thessalonians can serve as a ›reading instruction‹ by saying the opposite of what 1 Thessalonians means.»

[25] So fragt zuletzt auch TAESEONG ROH: Der zweite Thessalonicherbrief als Erneuerung apokalyptischer Zeitdeutung, Göttingen 2007, S. 17.

und überging die Schilderungen der Beziehungen des Paulus mit den Thessalonichern aus 1 Thess 2–3. Sein Schreiben »sollte nämlich nicht rückblickend zur Gemeindesituation im alten Thessalonich Stellung nehmen, sondern zur Situation der Kirche in der Gegenwart«.[26] Der neue Brief umfasst neben der Beschreibung der Zukunft nur noch einen längeren ermahnenden Abschnitt in Kap. 3 und ruft in 2 Thess 1,3–12; 2,15 zur Standhaftigkeit in den aktuellen Bedrängnissen auf.

Mit Blick auf die Ersatzthese halten Forscher es zuweilen für nahezu ausgeschlossen, dass ein gefälschter Brief an die Stelle eines echten Paulusbriefs hätte treten können. So schreibt Abraham J. Malherbe: »Die Vorstellung, dass jemand unter dem Namen des Paulus hätte schreiben können, um apostolische Autorität zu dem Zweck zu erlangen, einen echten Paulusbrief auszuschalten, ist atemberaubend kühn.«[27] Und Petr Pokorný führt aus: »Später wäre es recht problematisch, einen im paulinischen Einflussbereich liturgisch schon verankerten Brief anzugreifen.«[28] Diese Einwände sind jedoch schwach und machen sich nicht klar, welche Methoden »orthodoxe« und »ketzerische« Christen, die sich zur geistlichen Führung berufen sahen, einsetzten, um Gegner mundtot zu machen. Bischof Irenäus von Lyon (gestorben 202 n.Chr.) befürchtete, dass Ketzer seine Schriften verändern würden[29], und ein anderer Bischof, Dionysius von Korinth, der Briefe an alle Kirchen verfasst hatte[30], schrieb eine Generation zuvor bezüglich der Verfälschung seiner eigenen Briefe: »Auf die Bitte von Brüdern hin, zu schreiben, habe ich Briefe verfasst. Die Apostel des Teufels haben dieselben mit Unkraut angefüllt, indem sie einiges strichen, anderes hinzufügten. Ihnen gilt das Wehe. Man kann sich daher nicht

[26] LINDEMANN, Abfassungszweck, S. 45.
[27] Abraham J. MALHERBE: The Letters to the Thessalonians, New York 2000, S. 371 (Übersetzung G.L.).
[28] PETR POKORNÝ / ULRICH HECKEL: Einleitung in das Neue Testament. Seine Literatur und Theologie im Überblick, Tübingen 2007, S. 652.
[29] Euseb, Kirchengeschichte 5,20,2.
[30] Euseb, Kirchengeschichte 5,23,1–11.

darüber wundern, dass einige sich erkühnt haben, selbst die Schriften des Herrn zu fälschen, da sie es sogar bei nicht so wertvollen Schriften versuchten.«[31]

Die zitierten Bemerkungen von Bischof Dionysius kommentiert Walter Bauer wie folgt: »Ist es den Häretikern möglich gewesen, Schriften eines rechtgläubigen ›Bischofs‹ zu verfälschen, ohne mit ihrem Unternehmen am Widerspruch der christlichen Öffentlichkeit zu scheitern, dann mußte es ihnen doch noch viel leichter fallen, ›kirchliche‹, daher für sie störende und unbequeme Literatur in erheblichem Umfang aus dem Verkehr zu ziehen.«[32]

Auf den Fall der Ersetzung des 1Thess durch den 2Thess bezogen, heißt das: Sie hätte sich leichter vollziehen lassen, als es auf den ersten Blick scheinen mag, umso mehr, als diese Vertauschung am »christlichen Fußvolk« ohnehin vorbeigegangen wäre. Viele Christen waren damals ungebildet und leichtgläubig, ihre emotionale Befriedigung stand an erster Stelle.[33] Falls der 2Thess außerhalb von Thessalonich verfasst wurde, wäre seine Einführung nach Thessalonich überdies noch leichter vorstellbar.

Es kam aber anders als geplant. Zwar fand der 2Thess Eingang in christliche Gemeinden, den 1Thess konnte er dort aber nicht verdrängen und seine spätere Kanonisierung nicht verhindern. Den

---

[31] Euseb, Kirchengeschichte 5,23,12.

[32] WALTER BAUER: Rechtgläubigkeit und Ketzerei im ältesten Christentum, Tübingen [2]1964, S. 169.

[33] Man vgl. das teilweise zutreffende Bild, das im 2. Jahrhundert der Philosoph Kelsos von der Kirche seiner Zeit malt. Der Kritiker zitiert in seinem Werk »Wahres Wort« u.a. verschiedene Aussprüche christlicher Missionare: »Prüfe nicht, sondern glaube! Dein Glaube wird dich retten! Ein Übel ist die Weisheit in der Welt, ein Gut ist die Torheit« (Origenes, Gegen Kelsos 1,9). »Flieht die Ärzte! Achtet darauf, dass niemals einer von euch sich mit der Wissenschaft beschäftigt! Wissenschaft ist ein Übel. Erkenntnisstreben betrügt die Menschen um die Gesundung ihrer Seelen. Mancher schon wurde ein Opfer der Weisheit« (Origenes, Gegen Kelsos 3,75). Kelsos zufolge fördert »das Evangelium der Unbildung« die Verdummung. Vgl. CARL ANDRESEN: Logos und Nomos. Die Polemik des Kelsos wider das Christentum, Berlin 1955, S. 167–188 (»Das Christentum als Welt ohne Logos«).

2Thess aber erhoben Kirchenführer – wohl im Schlepptau des 1Thess – auch zur »heiligen Schrift«.

2. Analyse des zweiten Thessalonicherbriefs[34]

2Thess 1,1–2: Präskript

[1] Paulus und Silvanus und Timotheus
an die Gemeinde der Thessalonicher in GOTT, *unserem Vater,*
und dem Herrn Jesus Christus:
[2] Gnade (sei) mit euch und Friede von GOTT, *unserem Vater, und*
dem Herrn Jesus Christus.

Erläuterung

Das Präskript will eine dem ersten Brief entsprechende Situation darstellen und bietet mit dem Friedensgruß die den Lesern bekannte paulinische Formel. Der Autor maßt sich den Namen des Paulus an, obwohl er weiß, dass er eine Fälschung begeht.

Vers 1: Statt »Gott, dem Vater« wie in 1Thess 1,1a steht hier »Gott, unserem Vater«, was sonstigem paulinischen Gebrauch entspricht – siehe zu V. 2. Ansonsten stimmt der Wortlaut von V. 1 mit dem von 1Thess 1,1a überein.

Vers 2: Der Gruß ist im Vergleich zu 1Thess 1,1b – »Gnade sei mit euch und Friede« – stilistisch hart um die doppelgliedrige Formel »von Gott, unserem Vater, und dem Herrn Jesus Christus« erweitert. Offenbar kennt der Verfasser den erweiterten Gruß als festen Bestandteil der anderen ihm bekannten Paulusbriefe.[35] Er fügt ihn hier an, um seinem Schreiben einen Anstrich der Echtheit

---

[34] Zur folgenden Übersetzung des zweiten Thessalonicherbriefs vgl. GERD LÜDEMANN / FRANK SCHLERITT: Arbeitsübersetzung des Neuen Testaments, Göttingen 2008, S. 435–439.

[35] Vgl. den erweiterten Gruß in Röm 1,7b; 1Kor 1,3; 2Kor 1,2; Gal 1,3; Eph 1,2; Phil 1,2; Philemon 3.

zu geben. Keine anderen einleitenden Grüße in den Briefen des Paulus ähneln einander so sehr wie die in 2Thess 1,1–2 und 1Thess 1,1. Dies weist auf eine literarische Abhängigkeit.

2Thess 1,3–12:
Danksagung mit eingefügter Gerichtsdarstellung

[3] Wir sind verpflichtet, GOTT allezeit für euch zu danken, Brüder, wie es ja angemessen ist, weil euer **Glaube** stark wächst und die Liebe zueinander bei einem jeden von euch allen zunimmt, [4] so dass wir selbst uns euretwegen in den Gemeinden GOTTES rühmen wegen eurer Geduld und (eures) **Glaubens** in allen euren Verfolgungen und den *BEDRÄNGNISSEN,* die ihr ertragt –

[5] ein Anzeichen für das *gerechte* Gericht GOTTES: damit ihr des Reiches GOTTES **GEWÜRDIGT WERDET**, für das ihr auch leidet.

[6] Es (ist) ja *gerecht* bei GOTT, denen, die euch *BEDRÄNGEN,* mit *BEDRÄNGNIS* zu vergelten, [7a] und euch, den *BEDRÄNGTEN,* mit Erquickung (zu vergelten) zusammen mit uns,

[7b] bei der Offenbarung DES HERRN JESUS vom Himmel her mit Engeln seiner Macht, [8] in loderndem Feuer, wenn er die *bestraft,* die GOTT nicht kennen und die dem Evangelium UNSERES HERRN JESUS nicht gehorchen; [9] die werden als *Strafe* ewiges Verderben erfahren vom Angesicht des Herrn und von der HERRLICHKEIT, durch die er seine Stärke kundtut, [10] sobald er kommt, um inmitten seiner Heiligen VERHERRLICHT zu werden und inmitten aller, die zum **Glauben** gekommen sind, bewundert zu werden

– denn **geglaubt** wurde unser Zeugnis bei euch –
an jenem Tag.

[11] Im Hinblick darauf beten wir auch allezeit für euch, dass unser GOTT euch der Berufung **WÜRDIG MACHE** und jeglichen Gefallen am Guten und das Werk des **Glaubens** machtvoll vollende, [12] damit der Name UNSERES HERRN JESUS bei euch VERHERRLICHT werde und ihr in ihm – entsprechend der Gnade unseres GOTTES und des *HERRN JESUS* Christus.

Erläuterung

Die Danksagung V. 3–12, die eigentlich in V. 4 endet, besteht aus einem einzigen geschraubt und künstlich wirkenden Satz[36], der ohne Parallele im Neuen Testament ist.[37] Er lässt sich gliedern in V. 3–4: Dank; V. 5–10: Belehrung über das gerechte Gericht; V. 11–12: Fürbitte.

Vers 3: »Wir sind *verpflichtet,* Gott zu danken« findet sich noch einmal 2Thess 2,13, sonst aber nie im paulinischen Schrifttum oder im Neuen Testament.[38] In der Vorlage 1Thess 1,2 und 2,13 steht jeweils »wir danken Gott«.[39] Der Verfasser hat die Trias »Glaube, Geduld, Hoffnung« aus 1Thess 1,3b vor Augen, lässt hier aber »Hoffnung« aus und verwendet diesen Begriff formelhaft nur in 2,16. Indes prägt »Hoffnung« die Gedankenwelt des 1Thess.[40]

Vers 4: Pseudo-Paulus hat beim Schreiben 1Thess 1,8–9 vor Augen. Er steigert seine Aussage im Verhältnis zu der im 1Thess, »wenn er das Lob der Thessalonicher nicht nur von anderen Gemeinden erzählen, sondern ausdrücklich auch von ihrem Gründer Paulus … bestätigen lässt.«[41]

Vers 5: »Leiden« erläutert, was unter »Verfolgungen« und »Bedrängnisse« in V. 4 zu verstehen ist. Die Leiden geschähen zum Heil, denn am Ende stehe das Reich Gottes als Belohnung. Die Verfolgungen und Bedrängnisse, welche die Gemeinde ertrage, seien »Anzeichen für das gerechte Gericht Gottes« und würden die Bestrafung der Täter nach sich ziehen. Der Verfasser spricht hier wohl – anders als der historische Paulus im 1Thess, wo sich dazu keine Parallele findet – aus eigenen Erfahrungen. Wie er hofften die meisten Christen des ersten Jahrhunderts auf die Umkehrung aller

---

[36] HOLTZMANN, Thessalonicherbrief, S. 98, spricht von einem »Ungetüm von Satzbildung«.

[37] Zu V. 3–12 vgl. WOLFGANG TRILLING: Der zweite Brief an die Thessalonicher, Neukirchen-Vluyn 1980, S. 39.

[38] Vgl. aber Barn 5,3; 7,1; 1Clem 38,4.

[39] Vgl. oben, S. 52.

[40] 1Thess 1,3; 2,19; 4,13; 5,8.

[41] TRILLING, 2Thess, S. 46.

Verhältnisse bei der kommenden Weltenwende.[42] Dazu gehörte die Erwartung, dass sie dann die Seligkeit genießen würden, während ihre jetzigen Peiniger in der Hölle Qual litten. Die Hauptquelle des Trostes lag für die Christen darin, dass Gott ihre Feinde bestrafen werde.[43]

Ein ähnlicher Gedanke findet sich im »Gleichnis vom reichen Mann und armen Lazarus«, das spätere Christen Jesus in den Mund gelegt haben: Der Reiche befindet sich im Hades und leidet dort Höllenqualen. Er fleht Abraham an, Lazarus – der nach dem Tod als Ausgleich für sein Leiden in Abrahams Schoß gekommen ist – zu ihm zu schicken, damit dieser ihm die Schmerzen in der Feuerflamme lindere, und erhält folgende Antwort: »Kind, denke daran, dass du dein Gutes in deinem Leben empfangen hast, und Lazarus ebenso das Böse. Jetzt aber wird er hier getröstet, du aber leidest Schmerzen. Und bei alldem ist zwischen uns und euch eine große Kluft gesetzt, damit die, die von hier zu euch hinübergehen wollen, es nicht können und (damit) man auch von dort nicht zu uns herübergelangt.«[44]

Andere Christen malten die Bestrafung der Sünder noch drastischer aus. So heißt es in der »Offenbarung des Petrus«: »Und ich (Petrus) sah die Mörder und ihre Mitwisser, die waren an einen qualvollen Ort geworfen, der voll war von schlimmen Würmern; und sie wurden gebissen von jenen Tieren und so krümmten sie sich dort in jener Strafe. Es bedrängten sie aber Würmer (so dicht) wie finstere Wolken. Die Seelen der Ermordeten aber standen dabei, sahen der Bestrafung der Mörder zu und sprachen: O Gott, gerecht ist dein Gericht.«[45]

---

[42] Man vgl. Mk 10,31; Lk 6,20b–23.

[43] Vgl. RICHARD I. PERVO: The Making of Paul. Constructions of the Apostle in Early Christianity, Minneapolis 2010, S. 77–83.

[44] Lk 16,25–26.

[45] Offenbarung des Petrus 25 (ERWIN PREUSCHEN: Antilegomena. Die Reste der außerkanonischen Evangelien und urchristlichen Überlieferungen herausgegeben und übersetzt, Gießen ²1905, S. 190). Die fragmentarisch erhaltene »Offenbarung des Petrus« stammt aus dem Anfang des 2. Jahrhunderts und

Verse 6–7a: Das Wortspiel mit »bedrängen / Bedrängnis« nimmt »Bedrängnisse« aus V. 4 auf und führt so V. 4 und V. 5 fort. Aus den in der Gegenwart zu Unrecht erlittenen »Bedrängnissen«, deren Näherbestimmung offen bleibt, erschließt der Verfasser ein Prinzip der doppelten Vergeltung: a) Das Endgericht für die Verursacher der Bedrängnisse wird gerecht sein. b) Die Gemeinde erhält eine Belohnung für erlittenes Ungemach.

Verse 7b–10: Der Verfasser schildert feierlich, wie V. 7b zeigt, die »Offenbarung des Herrn Jesus vom Himmel her« und bedient sich dabei alttestamentlich-jüdischer Tradition.[46] Das lodernde Feuer beschreibt die Herrlichkeit des zum Weltgericht Erscheinenden, vgl. Ps 50,3. Das traditionelle Stück V. 7b–10 erläutert V. 6–7a.

Die Bedränger aus V. 6 werden in V. 8 zu solchen, »die Gott nicht kennen« und »die dem Evangelium unseres Herrn Jesus nicht gehorchen«. Die zuerst genannte Gruppe bezieht sich auf Heiden[47] – so explizit auch die einzige neutestamentliche Parallele 1Thess 4,5 – , die zweite Gruppe ebenfalls. Der Ausdruck »Evangelium unseres Herrn Jesus« ist singulär im gesamten Neuen Testament und dürfte auf den Verfasser des 2Thess zurückgehen. Er versteht »Evangelium« als Formel für die »Wahrheit«[48], die selbst eine tradierbare Lehre ist.[49] Sie und ebenso das Zeugnis des »Paulus« fordern Glauben. Diesen – so der Verfasser weiter – können nur all jene aufbringen, welche die »Liebe zur Wahrheit« (vgl. später 2Thess 2,15) angenommen haben.[50]

V. 9 erläutert V. 8; diejenigen, die Gott nicht kennen, und die Ungehorsamen werden als Strafe ewiges Verderben erfahren.

---

hatte zeitweise kanonisches Ansehen. Vgl. PHILIPP VIELHAUER: Geschichte der urchristlichen Literatur. Einleitung in das Neue Testament, die Apokryphen und die Apostolischen Väter, Berlin 1975, S. 507–513.

[46] Vgl. Sach 14,5; Ex 3,2–3; Jes 2,10; Jes 66,15–17.

[47] Hiob 18,21; 1Thess 4,5; Gal 4,8; Röm 1,28.

[48] Vgl. 2Thess 2,10. 12. 13

[49] Vgl. 2Thess 2,15; 3,6.

[50] Vgl. 2Thess 2,10.

V. 10 rundet die Einheit V. 7b–10 mit der Zeichnung des Kommens Jesu Christi ab. Die Bedrängten aus V. 7a werden auf die Glaubenden gedeutet: Die Schlussformel »denn geglaubt wurde unser Zeugnis bei euch« betont »die Übereinstimmung zwischen der Gemeinde und ›Paulus‹ im Blick auf den soeben dargelegten Zusammenhang von Leiden, künftiger Vergeltung und Parusie«.[51]

Während der »Paulus« des 2Thess den Akt der Bestrafung breit ausmalt, verzichtet der historische Paulus in seinen erhaltenen Briefen, einschließlich des 1Thess, auf eine detaillierte Schilderung des Gerichts. Er deutet es im 1Thess im Rahmen der Beschreibung des Heils der Gläubigen nur an und führt aus, Jesus werde die auf ihn Wartenden vor dem zukünftigen Zorn retten.[52]

Verse 11–12: Der Abschnitt enthält ein feierliches, etwas umständlich formuliertes »Gebet um Vollendung des Christenstandes der Leser.«[53] In V. 11 versichert »Paulus«, dass er für die Briefempfänger Fürbitte halten wird, und wünscht in V. 12, dass »der Name unseres Herrn Jesus« bei ihnen verherrlicht werde. »Verherrlichen« nimmt dasselbe Verb in V. 10 auf. Ein möglicher Hintergrundtext ist Jes 66,5: »Lasst doch Jahwe sich verherrlichen.« Doch enthält V. 12 lediglich ein blasses Verständnis von »verherrlichen«, das nur noch wenig mit dem göttlichen Lichtglanz zu tun hat, der im Alten Testament von Jahwe ausgeht. Der Verfasser will sagen: »Durch euer kraftvolles Verwirklichen des Glaubens an den Herrn soll es geschehen, daß er selber dadurch – eben als der Herr – anerkannt und gewürdigt oder einfach ›geehrt‹ wird – und daß ihr an dieser Ehre und Würde teilhabt«[54].

---

[51] REINMUTH, 2Thess, S. 172.
[52] 1Thess 1,10b.
[53] ERNST VON DOBSCHÜTZ: Die Thessalonicher-Briefe, Göttingen 1909, S. 253.
[54] TRILLING, 2Thess, S. 64.

2Thess 2,1–12:
Belehrung über die Vorzeichen des Endes

¹ Wir bitten euch aber, Brüder,
hinsichtlich der Ankunft unseres Herrn Jesus Christus
und unserer Zusammenführung mit ihm:
² Lasst euch nicht gleich erschüttern (und) vom Verstand (abbringen), auch nicht erschrecken,
weder durch Geist(erweis)
noch durch (mündliches) Wort,
noch durch Brief als (angeblich) von uns, dass der Tag des Herrn da sei.
³ᵃ Niemand soll euch TÄUSCHEN, auf keinerlei Weise!

³ᵇ Denn wenn nicht zuerst der Abfall gekommen und der Mensch der *GESETZLOSIGKEIT* OFFENBART worden ist, der Sohn des Verderbens, ⁴ der, der sich widersetzt und sich erhebt über alles, was GOTT oder Heiligtum genannt wird, so dass er sich in den Tempel GOTTES setzt und sich selbst für GOTT ausgibt (kann der Tag des Herrn nicht anbrechen).

⁵ Erinnert ihr euch nicht, dass ich, als ich noch bei euch war, euch dies sagte?

⁶ Und jetzt kennt ihr *DAS, WAS AUFHÄLT*, damit er zu seiner Zeit OFFENBART wird. ⁷ Denn das Geheimnis der *GESETZLOSIGKEIT* ist schon wirksam – nur (dauert es noch eine Weile), bis *DER, DER JETZT AUFHÄLT*, beseitigt ist.

⁸ Und dann wird der *GESETZLOSE* OFFENBART werden, den der Herr Jesus
töten wird durch den Hauch seines Mundes und
vernichten wird durch die Erscheinung seiner Ankunft,
(der Gesetzlose,) ⁹ dessen Ankunft gemäß der Kraft des Satans mit jederlei Macht und (mit) Zeichen und *Lügen*-Wundern geschieht ¹⁰ und mit jederlei ungerechter TÄUSCHUNG für die, die verlorengehen, weil sie die Liebe zur *WAHRHEIT* nicht annahmen, auf dass sie (etwa) gerettet würden.

[11] Und deswegen schickt ihnen GOTT die Kraft des Irrtums, so dass sie der *Lüge* **glauben**, [12] damit alle gerichtet werden, die der *WAHRHEIT* nicht **geglaubt** haben, sondern Gefallen hatten an der Ungerechtigkeit.

Erläuterung

Auf die Danksagung in 2Thess 1,3–12 folgen zwei Abschnitte: 2Thess 2,1–2 und 2,3–12. Sie knüpfen an die in den vorangehenden Versen gemachten Aussagen über das zukünftige Gericht an. Da beide genannten Texte fast keine Parallelen im 1Thess haben, spiegeln sie das eigentliche Anliegen des Briefschreibers wider. Während 2Thess 1,6–10 von der Zukunft der Verfolger handelt, beschreibt 2Thess 2,3–11 die Zukunft des in kosmischen Dimensionen verstandenen Bösen. Jesus tritt jeweils als rächender Richter auf.

Vers 1: Der Autor benennt das Thema des nachfolgenden Abschnitts – die Ankunft des Herrn Jesu vom Himmel und die Vereinigung der Gläubigen mit ihm – und nimmt damit 1Thess 4,13–5,11 auf. Das Wort »Ankunft« erscheint für das Kommen des auferstandenen Jesus zu Heil und Gericht in den echten Paulusbriefen im technischen Sinn nur 1Thess 2,19; 3,13; 4,15; 5,23; 1Kor 15,23; ferner 2Thess 2,1. 8. Der Ausdruck »Zusammenführung«[55] wird einzig an dieser Stelle im paulinischen Schrifttum benutzt und erinnert an »zusammenführen«[56] in 1Thess 4,14.

Vers 2: Im Mittelpunkt des Verses steht die Zurückweisung einer Parole[57]; sie lautet wörtlich übersetzt: »Der Tag des Herrn ist da.«

---

[55] Griechisch *episynagôgê*.

[56] Griechisch *agein*.

[57] Sie wird im griechischen Original mit *hôs hoti* eingeführt und kann mit »dass« übersetzt werden. Vgl. WALTER BAUER: Griechisch-deutsches Wörterbuch zu den Schriften des Neuen Testaments und der übrigen urchristlichen Literatur, Berlin [5]1963, Sp. 1167, der aber für *hôs* an dieser Stelle eine subjektive Bedeutung wahren will und in der Übersetzung nach »dass« in Klammern ergänzt »nach Meinung seines Verfassers«.

Doch ist gleichfalls die Übersetzung möglich: »Der Tag des Herrn steht unmittelbar bevor.«[58] Der »Tag des Herrn« ist der Tag des göttlichen Gerichts.[59]

Die Parole ist laut V. 2 entstanden »durch Geist(erweis), durch (mündliches) Wort, durch Brief als von uns.« Der Ausdruck »als von uns« bezieht sich grammatisch mit Sicherheit auf »Brief«, vielleicht auch auf »Wort«[60], wohl aber nicht auf »Geist«.[61] Ich habe in der Übersetzung »als (angeblich) von uns« geschrieben, um auszudrücken, dass dem Verfasser zufolge der Brief nicht von Paulus stammt. Für diese Übersetzung spricht der Gebrauch der Partikel »als«[62] vor »von uns«. Sie führt wie an anderen Stellen in den Briefen des Paulus[63] »eine erlogene, jedenfalls objektiv falsche Eigenschaft«[64] ein und soll hier sagen: Der angeblich von Paulus kommende Brief stammt gar nicht von ihm.

Die gelegentlich gewählte Übersetzung »durch einen Brief, wie er von uns geschrieben wurde«, ist sprachlich ebenfalls möglich.[65] Sie scheidet aber aufgrund des Kontextes aus. Denn in 2Thess 2,15 bezieht sich die sprachlich unbestimmt gelassene Formulierung »durch Brief von uns« ohne einleitende Partikel »als« auf den 2Thess, den für die Gemeinde maßgeblichen »echten« Thessalonicherbrief. Dagegen diskreditiert der Verfasser des 2Thess in Kap. 2,2 den Brief, den die Gegner benutzten, nämlich 1Thess, und relativiert ihn durch die einleitende Partikel »als«.[66] Und in

[58] Vgl. aber TRILLING, Untersuchungen, S. 124–125 (Lit.).

[59] Vgl. Joel 1,15; 2,1. 11; Jes 13,6. 9 u.ö.

[60] Vgl. 2Thess 2,15; 3,14.

[61] VON DOBSCHÜTZ, Thessalonicher-Briefe, S. 265–266, bezieht »als von uns« auf alle drei Begriffe. Ebenso EVE-MARIE BECKER: *Hôs di' hêmôn* in 2 Thess 2.2 als Hinweis auf einen verlorenen Brief, in: New Testament Studies 55 (2009), S. 55–72, hier S. 65.

[62] Griechisch *hôs*.

[63] Röm 9,32; 2Kor 10,2; 11,17; 13,7.

[64] BAUER, Wörterbuch, Sp. 1775.

[65] Vgl. REINMUTH, 2Thess, S. 162; HARALD HEGERMANN: Der geschichtliche Ort der Pastoralbriefe, in: Theologische Versuche 2, Berlin 1970, S. 47–64, hier S. 49.

[66] FRANZ LAUB: Paulinische Autorität in nachpaulinischer Zeit, in: R. F. Collins

2Thess 3,14, wo Pseudo-Paulus noch einmal auf seinen Brief, den 2Thess, zu sprechen kommt, lässt er wiederum die Partikel »als« aus. Der Gebrauch oder Nichtgebrauch der Partikel »als« zeigt eine verschiedene Haltung zum jeweiligen Brief an.

Der Verfasser erweckt daher in der Maske des Paulus gezielt den Eindruck, dass die Parole »der Tag des Herrn ist da« in einem gefälschten Paulusbrief stehe und durch Geistäußerungen und mündliches Wort begleitet werde. Um welchen Paulusbrief handelt es sich? Wenn der Fälscher unter der Maske des Paulus einen Brief an die Gemeinde von Thessalonich richtet und auf einen angeblich von diesem geschriebenen Brief hinweist, denkt man von vornherein an den 1Thess, umso mehr, als der Autor des 2Thess in 2,1 zwei Schlüsselbegriffe (»Ankunft«, »Zusammenführung«) aus 1Thess *aufgenommen* hat.

Eine auffällige Eigenschaft des 1Thess ist die Naherwartung, der zufolge das Kommen Jesu vom Himmel in naher Zukunft geschieht. Der historische Paulus hatte bereits bei seiner Gründungspredigt in Thessalonich die dortigen Konvertiten gelehrt, auf die Ankunft des Herrn Jesus zu warten; er werde sie vor dem künftigen Zorngericht erretten.[67] Der Apostel rechnet sich und alle Christen in Thessalonich zu den bis zum Kommen Jesu Überlebenden.[68] Insofern kommt der Inhalt dieser Hoffnung der Parole nahe, die der Verfasser des 2Thess energisch zurückweist. Andererseits findet sich die Losung »der Tag des Herrn ist da« explizit nicht im 1Thess.[69] Doch *musste* das wörtliche Verständnis von 1Thess 4,15. 17, genau genommen, »zu dieser Interpretation führen, wenn man nicht die ganze paulinische Aussage als ›Irrtum‹ verwerfen wollte.«[70]

(ed.): The Thessalonian Correspondence, Leuven 1990, S. 403–417, hier S. 408–409.

[67] Vgl. 1Thess 1,10.

[68] 1Thess 4,15b: »Wir, die Lebenden, die, die übrig bleiben bis zur Ankunft des Herrn«; 1Thess 4,17a: »Wir, die Lebenden, die, die übrig bleiben …«.

[69] Vgl. aber 1Thess 5,2. 4: Paulus hatte die Thessalonicher bei der Gründung der Gemeinde gelehrt, der »Tag des Herrn« komme wie der Dieb in der Nacht.

[70] LINDEMANN, Abfassungszweck, S. 39. – Zwei Begebenheiten aus der Zeit Hippolyts gegen Ende des zweiten Jahrhunderts vermitteln eine Vorstellung

Der Verfasser des 2Thess bezieht sich demgegenüber auf die seiner Meinung nach noch ausstehenden Ereignisse. Um zu vermeiden, dass die Opponenten sich zum Erweis des Gegenteils auf den 1Thess berufen, nennt er diesen Brief kurzerhand eine Fälschung. An dessen Stelle verbreitet er in christlichen Gemeinden – soweit es ihm möglich ist – den »echten« Thessalonicherbrief. 2Thess 2,2 ist dann wie folgt zu verstehen: Diejenigen, welche die Gemeinde in Thessalonich »durch Geist(erweis) und (mündliches) Wort« ver-

davon, wie die Aneignung des 1Thess ausgesehen bzw. wie sich eine Naherwartung konkret geäußert haben mag. Hippolyt berichtet im »Kommentar zu Daniel« von zwei Vorfällen: *IV 18:* »Ich erzähle ... auch dies unlängst in Syrien Geschehene. Denn ein gewisser Vorsteher der Kirche in Syrien ... wurde selbst getäuscht und täuschte andere: ... er verführte viele von den Brüdern, mit Frauen und Kindern zur Begegnung mit Christus (vgl. 1Thess 4,17) in die Wüste hinauszugehen (vgl. Offb 12,14) die auch vergeblich in den Bergen umherirrten, so dass sie ... beinahe von einem Hauptmann wie Räuber ergriffen und umgebracht worden wären, wenn nicht seine Frau, die eine Gläubige war, ihn darum gebeten hätte, von seinem Zorn zu lassen, damit nicht um ihretwillen eine Verfolgung für alle entstehe.« *IV 19:* »Ein anderer aber ähnlich in Pontos, und auch er Vorsteher der Kirche, ein frommer und demütiger Mann, hielt sich nicht fest an die Schrift, sondern glaubte mehr den Gesichten (= Visionen), die er selbst sah ... Und dann sprach er einst in seinem Irrtum und sagte: »Erkennt, Brüder, dass nach einem Jahre das Gericht geschehen wird!« Die aber hörten, wie er sagte, dass der Tag des Herrn da sei (vgl. 2Thess 2,2) und baten den Herrn mit Weinen und Wehklagen Tag und Nacht, denn sie hatten den kommenden Tag des Gerichts vor Augen. Und zu solch großer Angst und Verzagtheit (ver)führte er die Brüder, dass sie ihre Ländereien und Äcker öde ließen und die meisten ihren Besitz verkauften. Der aber sagte zu ihnen: »Wenn es nicht geschieht, wie ich gesagt habe, so glaubt auch nicht mehr der Schrift, sondern es tue jeder von euch, was er will.« Die aber erwarteten, was kommen sollte. Und als ein Jahr voll war, aber nichts von dem, was er gesagt hatte, eingetroffen war, wurde er selbst beschämt, dass er gelogen, die Schriften aber erschienen wahrhaftig. Die Brüder aber wurden als zur Sünde verführt erfunden, so dass die Jungfrauen heirateten und die Männer zur Landarbeit gingen. Die aber umsonst ihr Vermögen verkauft hatten, bettelten um Brot.«
Die beiden angeführten Beispiele belegen zwei konkrete Fälle von Naherwartung. Sie liefern eine Analogie für den in 2Thess beschriebenen Glauben, dass der Tag des Herrn bevorstehe bzw. da sei. Allerdings verweist der Verfasser des 2Thess nicht direkt auf das *Scheitern* der Naherwartung der Dissidenten, wie Hippolyt es tut.

wirren, stützen sich auf ein falsches Dokument, den 1Thess. Die richtige Überlieferung zur Endzeit liegt vielmehr im 2Thess vor; ja, dieser ist der eigentliche Brief an die Thessalonicher.

Vers 3a: Die Warnung, sich nicht täuschen zu lassen, steht wie eine Überschrift über dem Folgenden.

Verse 3b–4: Vor dem Anbruch des Tages des Herrn müssen der »Abfall« und die Offenbarung des »Menschen der Gesetzlosigkeit« geschehen. Die Warnung, dass in der Zukunft, und zwar am Ende der Zeiten, Gegenspieler auftreten, findet sich oft in frühchristlichen Texten.[71] Der allgemeine Abfall und die Ankunft des »Menschen der Gesetzlosigkeit«[72] sind Vorbedingungen für das Eintreten des Endes. Beide Vorstellungen wurzeln in alttestamentlich-jüdischer Apokalyptik[73] und bilden eine Grundlage urchristlicher Erwartung.[74] Da jedoch weder das eine noch das andere eingetreten ist, beruht die Parole von V. 2 – so der Verfasser des 2Thess – auf einer Täuschung.

Am Ende von V. 4 ist wegen V. 2 der Nachsatz zu ergänzen: »kann der Tag des Herrn nicht anbrechen«.

Vers 5: Die Schilderung der Offenbarung des Antichristen bricht ab, ein Zwischenstück setzt ein. »Der Stil ändert sich, die Frageform verlebendigt, direkte Anrede löst die objektive Darlegung ab.«[75] Statt des in 2Thess für Paulus üblichen »wir« gebraucht der Verfasser »ich« (so später nur noch 2Thess 3,17). Der Verfasser erinnert die Leser daran, dass »Paulus« die beiden Vorbedingungen für den Eintritt der Endzeit bereits während der Gründungspredigt mitgeteilt habe.

---

[71] Vgl. Mk 13,22 parr.; Apg 20,29–30; 1Tim 4,1; Jud 17–18; 2Petr 2,1–3; 1Joh 2,18.

[72] »Gesetzlosigkeit« (griechisch *anomia*) meint nicht Zügellosigkeit oder die Verwerfung des mosaischen Gesetzes, sondern allgemein Verhalten gegen das Gesetz Gottes. Vgl. 1Joh 3,4: »Jeder, der die Sünde tut, tut auch die Gesetzlosigkeit, und die Sünde ist die Gesetzlosigkeit.« Zum Begriff vgl. Ps 88,23 (LXX).

[73] Vgl. REINHARD GREGOR KRATZ: Art. Apokalyptik II. Altes Testament, in: RGG⁴, Band 1, Sp. 591–592..

[74] Vgl. Mt 24,11; 1Tim 4,1–5 u.ö.

[75] TRILLING, 2Thess, S. 87–88.

Indes finden sich solche Aussagen im 1Thess gerade nicht, obwohl dort zahlreiche Hinweise auf das Wissen der Briefempfänger und Aufrufe zur Erinnerung stehen.[76] Die dortigen Ausführungen zur unmittelbaren Nähe der Parusie[77] lassen die Annahme, dass Paulus bei der Gründungspredigt über die Vorbedingungen der Endzeit gesprochen habe, als unwahrscheinlich erscheinen. Die Hinweise auf das »Wissen« der Leser und die Aufrufe an ihre »Erinnerung« – die sich bereits 1Thess 2,9; 3,3b.4; 4,2; 5,2 finden – sind im 2Thess pseudepigraphische Stilmittel.[78]

Vers 6: Der Briefschreiber führt über die beiden in V. 3–4 genannten Vorläufer des Enddramas hinaus eine weitere Größe – »das, was aufhält« – ein. Sie verhindert, dass das Ende schon jetzt eintritt. »Jetzt« hebt als Signalwort die Gegenwart von der Vergangenheit ab, in der »Paulus« der Gemeinde (»als ich noch bei euch war«) den Inhalt von V. 3–4 mitteilte. Inzwischen kennen die Thessalonicher ja den neuen Faktor, der das Ende noch aufhält. Wir erfahren nicht, wie sie dieses Wissen erlangt haben und wer diese Größe ist. »Der Verfasser macht keinerlei Andeutungen über die Identität dieser geheimnisvollen Macht oder Gestalt. Warum nicht? Weil er keineswegs im Sinne hat, das Rätsel für den Leser zu lösen! Das Geheimnis soll geheimnisvoll bleiben.«[79]

Vers 7: Pseudo-Paulus wehrt das Missverständnis ab, dass die Gegenwart gar nichts mit dem erwarteten Ende zu tun habe. Allerdings hätten die eigentlichen eschatologischen Zukunftsereignisse noch nicht begonnen, da der antigöttliche Widersacher sie noch »aufhalte«. Die jetzt im Geheimen, demnächst aber offen wirkende Macht sei die Macht der Gesetzlosigkeit. Auffälligerweise verwendet der Autor in V. 7 das Maskulinum – »der, der aufhält« –, während er in V. 6 dem Neutrum – »das, was aufhält« – den Vorzug gab. Wahrscheinlich hat er dabei die Person des Gesetzlosen in V. 8 im Blick.

---

[76] 1Thess 2,9; 3,3b.4; 4,2.
[77] 1Thess 4,15–17.
[78] Vgl. 2Thess 2,5. 6; 3,7.
[79] Köster, Einführung, S. 681.

»Geheimnis der Gesetzlosigkeit« ist parallel zu »Mensch der Gesetzlosigkeit« in V. 3b formuliert. Daran knüpft die Rede vom »Gesetzlosen« im folgenden Vers an.

Vers 8: Der »Gesetzlose« ist gleichzusetzen mit dem in V. 3 genannten »Menschen der Gesetzlosigkeit«. Das Kommen beider wird als »Offenbarung« bezeichnet. Nun sagt Pseudo-Paulus voraus, dass der Gesetzlose in der Zukunft offenbart und durch die Erscheinung[80] der Parusie des Herrn Jesus Christus vernichtet werde. Vgl. Jes 11,4b LXX vom künftigen Richter: »Er wird schlagen das Land mit dem Wort seines Mundes und mit einem Hauch aus den Lippen den Gottlosen töten.«

Vers 9: Der Autor trägt nach, dass das Kommen des Gesetzlosen in der Kraft des Satans mit großer Macht, mit Zeichen und Lügenwundern geschehe.

Vers 10: Die Folge der Ankunft des Gesetzlosen besteht in jederlei ungerechter Täuschung. Seine Zeichen und Wunder verführen die Menschen, die verlorengehen, weil diese die Liebe zur Wahrheit zuvor nicht angenommen haben. Damit wird sich in der letzten Zeit erfüllen, was auch jetzt schon stattfinden kann, wenn – wie bereits V. 3a andeutet – die Gläubigen sich in der Gegenwart verführen lassen.

V. 11–12: Es folgt eine Erläuterung der Aussage von V. 10, die dessen Inhalt variiert – siehe die Markierungen in der Übersetzung – und Gott als Urheber der Irreführung der Menschen, die verlorengehen, bezeichnet. Ihnen nämlich sende er die Macht des Irrtums.

2Thess 2,13–3,5:
Dank und Gebet

[13] Wir aber sind verpflichtet, GOTT allezeit für euch zu danken, vom Herrn *geliebte* BRÜDER, dass GOTT euch von Anfang an ausgewählt

---

[80] Griechisch *epiphaneia.* Dieser Begriff erscheint außerhalb dieser Stelle im Neuen Testament nur noch 1Tim 6,14; 2Tim 1,10; 4,1; 4,8; Tit 2,13.

hat zur Rettung, (die) in Heiligung durch den Geist und (im) **Glauben** an die Wahrheit (geschieht), [14] wozu er euch durch unser Evangelium auch berufen hat, zur Erlangung der HERRLICHKEIT UNSERES HERRN JESUS CHRISTUS.

[15] Daher nun, BRÜDER, seid standhaft und haltet euch an die Überlieferungen, über die ihr belehrt worden seid, ob durch Wort oder durch Brief von uns.

[16] Er selbst aber, UNSER HERR JESUS CHRISTUS, und GOTT, unser Vater, der uns *geliebt* und ewigen *TROST* und *gute* Hoffnung in Gnade gegeben hat, [17] möge eure Herzen *TRÖSTEN* und *FESTIGEN* in jedem *guten* Tun und Wort.

[3,1] Im übrigen betet, BRÜDER, für uns, dass das Wort des **HERRN** laufe und VERHERRLICHT werde, wie auch bei euch, [2a] und dass wir errettet werden aus den (Fängen der) schlechten und *bösen* Menschen, [2b] denn nicht jedermanns Sache ist der **Glaube**.

[3] Treu aber ist der **HERR**, der euch *FESTIGEN* und vor dem *Bösen* bewahren wird.

[4] Wir verlassen uns aber im **HERRN** auf euch, dass ihr das, was wir befehlen, auch tut und tun werdet.

[5] Der **HERR** aber möge eure Herzen lenken zur *Liebe* GOTTES und zur Geduld Christi.

Erläuterung

Vers 13–14: Eine Danksagung folgt. Sie setzt als zweite Danksagung unter Rückbezug auf 2 Thess 1,3 und in Anlehnung an 1 Thess 2,13[81] ein. Während hier in V. 13a wie 2 Thess 1,3 (= 1 Thess 1,3) »allezeit«[82] steht, verwendet 1 Thess 2,13 das Adverb »unablässig«[83].

---

[81] Vgl. den Einsatz der ersten Danksagung in 1 Thess 1,3.

[82] Griechisch *pantote*.

[83] Griechisch *adialeiptôs*. Dieses Adverb erscheint im Neuen Testament nur bei Paulus und außerhalb von 1 Thess 2,13 noch Röm 1,9; 1 Thess 5,17. (Zum dazugehörigen Adjektiv vgl. Röm 9,2; 2 Tim 1,3.)

Unter Rückgriff auf 1 Thess 4,7 und 5,9 beschreibt der Verfasser – als positives Gegenbild zu den in V. 10–12 genannten »Verlorenen« – die Briefempfänger als Gerettete und Berufene. Gott habe sie *von Anfang an* ausgewählt; sie glaubten an die Wahrheit, während das Gegenteil für die Verlorenen aus V. 10–12 gelte.[84]

Vers 15: Dieser Vers nimmt antithetisch 2 Thess 2,2 auf. Er rundet das Stück durch eine an die Gemeindeglieder gerichtete Mahnung ab, standhaft zu sein. Sie sollen sich an die Überlieferungen halten, über die sie »ob durch Wort oder durch Brief von uns« unterwiesen wurden. Pseudo-Paulus versteht demnach die Standhaftigkeit als Festhalten an den Überlieferungen, die in Wort und Brief des Apostels gelehrt werden, während der historische Paulus, wie 1 Thess 3,8 zeigt, vom Standhaft-Sein der Gemeinde »im Herrn« spricht.[85] Die Wendung »ob durch Wort oder durch Brief von uns« verrät Reflexion. »Die Überlieferungen werden durch zwei ›Quellen‹ vermittelt: das apostolische Wort und den apostolischen Brief.«[86]

Wie in 2 Thess 2,5 hat der Verfasser in V. 15 die Verkündigung des Paulus unter den Thessalonichern im Blick. Er bezieht »Brief« nicht auf den 1 Thess, sondern auf den vorliegenden 2 Thess.

Verse 16–17: Ein Gebetswunsch schließt sich an. Zu Form und Inhalt des Gebetswunsches vgl. 1 Thess 3,11–13. »Gute Hoffnung« kommt im Neuen Testament nur hier vor. Man vgl. »lebendige Hoffnung« in 1 Petr 1,3 und »selige Hoffnung« in Tit 2,13. Der Inhalt des Wunsches in V. 17 ist recht allgemein und passt in jeder Situation. »Wort« klingt an denselben Begriff aus Vers 15 an.

Verse 3,1–5: Der Stil ist holprig, die Gedankenführung ist verschroben und widersprüchlich, die Ausdrucksweise recht formelhaft. Man vgl. nur den viermaligen Gebrauch von »Herr« (siehe die Markierung in der Übersetzung).

Verse 1–2a: Der Abschnitt fordert die »Thessalonicher« zur Fürbitte auf. Zu dem nur hier im Neuen Testament gebrauchten Bild,

---

[84] Vgl. Joh 17,24; 1 Kor 2,7; Eph 1,4; 3,9; Kol 1,26.
[85] Vgl. KÖSTER, Einführung, S. 680.
[86] TRILLING, Untersuchungen, S. 116.

dass das Wort des Herrn »läuft«, vgl. Ps 147,4 (LXX). Zu »verherrlicht werden« siehe vorher 2Thess 1,9. 10. 12 und im Kontext 2Thess 2,14. Die Wendung »vor bösen Menschen retten« ist eine biblische Redensart, vgl. Jes 25,4 LXX: »Vor bösen Menschen rettest du sie.«[87]

Vers 2b: Die Bemerkung »Nicht jedermanns Sache ist der Glaube« überrascht und passt nicht als Begründung der vorher in V. 1–2a gemachten Aussagen, die auf eine aktive Mission weisen. Auch steht der Satz in Spannung zu den scharfen Urteilen in 2Thess 1,6–9 und 2Thess 2,10b–12. Er setzt Misserfolge in der Missionsarbeit voraus und gehört deswegen eher in eine spätere Zeit.[88]

Vers 3: Ein Treuespruch[89] nimmt den Wunsch aus 2Thess 2,17 auf. Beide, Treuespruch und Wunsch, sind wenig konkret gehalten. Zum Inhalt vgl. 1Thess 5,24: »Treu ist der, der euch ruft, der wird es auch tun.«

Vers 4: Der Verfasser schiebt einen Satz ein, mit dem er im Voraus auf den nächsten Absatz (2Thess 3,6–12) verweist, der eine Reihe von Befehlen enthält. Nun drückt er sein Vertrauen aus, dass die Leser seine Befehle befolgen werden.

Vers 5: Ein Gebetswunsch allgemeinen Inhalts, der ebenso gut an anderer Stelle stehen könnte, rundet die Einheit ab. Die Genitive »Gottes« und »Christi« sind – dies ist für das fingierte Schreiben typisch – nicht eindeutig. Sie bezeichnen entweder die von Gott ausgehende Liebe bzw. die von Christus ausgehende Geduld. Oder es geht um die Liebe zu Gott bzw. die Geduld auf Christus hin.

Zum Ausdruck »die Herzen lenken« vgl. 1Chron 29,18; 2Chron 12,14; 19,3; Sir 49,3. Der Verfasser hat sich an 1Thess 3,11 orientiert: »Er selber aber ... *lenke* unseren Weg zu euch.« Das Verb »lenken« kommt im Neuen Testament – außerhalb der beiden genannten Stellen in den Thessalonicherbriefen – nur noch Lk 1,79 vor.

---

[87] Zur Bitte um Rettung vgl. weiter Ps 7,2; 18,4; 59,2–3.
[88] Vgl. Mk 4,13–20; Lk 5,39.
[89] Vgl. z.B. 1Kor 1,9.

2Thess 3,6–12:
Kirchenzucht gegen Unordentliche und Arbeitsscheue

6 Wir **befehlen** euch aber, *Brüder*, im Namen des **HERRN JESUS CHRISTUS**, euch zurückzuziehen von jedem *Bruder*, der UNOR-DENTLICH lebt und nicht nach der Überlieferung, die sie von uns empfangen haben.

7 Denn ihr wisst selbst, wie man uns NACHAHMEN muss, denn wir haben nicht UNORDENTLICH bei euch gelebt; 8 auch haben wir nicht umsonst bei jemandem Brot GEGESSEN, sondern in Mühe und Anstrengung Tag und Nacht GEARBEITET, um niemandem von euch zur Last zu fallen. 9 Nicht, dass wir (dazu) kein Recht hätten, son-dern damit wir uns euch zum Vorbild gäben, uns NACHZUAHMEN.

10 Denn auch als wir bei euch waren, haben wir euch dies **befoh-len**: Wenn jemand nicht ARBEITEN will, soll er auch nicht ESSEN.

11 Wir hören nämlich, dass einige von euch UNORDENTLICH leben, indem sie nicht ARBEITEN, sondern Nutzloses BEARBEITEN.

12 Solchen aber **befehlen** wir und ermahnen sie im **HERRN JESUS CHRISTUS**, dass sie in Ruhe ARBEITEN und ihr eigenes Brot ESSEN.

Erläuterung

Thema ist die Warnung vor der Unordnung, auf die der Verfasser dreimal, nämlich in V. 6–7 und V. 11, zu sprechen kommt. Der befehlende Ton hat im Vergleich zum 1Thess an Schärfe zugenom-men. Zur literarischen Vorlage des vorliegenden Abschnitts vgl. 1Thess 2,9; 4,11–12; 5,14. »Jemandem zur Last fallen« und »unor-dentlich« bzw. »unordentlich leben« kommen außerhalb der beiden Thessalonicherbriefe im Neuen Testament nicht vor.

Vers 6: Der Vers setzt wuchtig ein und lässt eine drakonische Disziplinarmaßnahme erwarten. »Paulus« verlangt von den Gemeindegliedern aber nur, sich von einem Bruder, der unordent-lich lebt, zurückzuziehen. Doch gesteht der Autor diesem den Bru-dernamen weiter zu. Beides – das Beibehalten des Brudernamens und der Abbruch des persönlichen Umgangs – ist in der Gemeindesituation des 2Thess begründet, wie sie erst später in V. 11 deutlich wird. Die »empfangene Überlieferung« bezieht sich auf die Gesamtverkündigung des Paulus in Thessalonich, die nach Ansicht von Pseudo-Paulus im 2Thess als dem authentischen Text des Apostels vorliegt.

Verse 7–9: In V. 7–8 lässt der Autor »Paulus« nicht auf das Bezug nehmen, was er geschrieben hat, sondern auf sein persönliches Beispiel während der Erstmission in Thessalonich verweisen. Der Leser soll den Eindruck bekommen, »als habe es zwischen dem Gründungsaufenthalt des Paulus in Thessalonich und dem Thessalonicherbrief, den der Pseudo-Paulus schreibt, keinen Thessalonicherbrief gegeben«[90], obwohl doch der 2Thess den 1Thess nachahmt. Offenbar soll der 1Thess ausgeschaltet werden und der 2Thess an seine Stelle rücken.

Der Verfasser orientiert sich in V. 8 äußerlich an den Aussagen von 1Thess 2,9 und flicht sie hier als gültige Überlieferung apostolischen Lebens ein. Die Übereinstimmung zwischen 2Thess 3,8 und 1Thess 2,9 ist so eng wie zwischen keinen anderen Texten im paulinischen Schrifttum. Man vgl. 2Thess 3,8: »Auch haben wir nicht umsonst bei jemandem Brot gegessen, sondern in Mühe und Anstrengung Tag und Nacht gearbeitet, um niemandem von euch zur Last zu fallen« mit 1Thess 2,9: »Denn erinnert euch, Brüder, an unsere Mühe und Anstrengung: Tag und Nacht bei der Arbeit, um niemandem von euch zur Last zu fallen, verkündigten wir euch das Evangelium Gottes.«

Diese Stelle lässt sich nur durch die Annahme literarischer Abhängigkeit erklären. Die sich aufopfernde Tätigkeit des Paulus, wie V. 8 sie zeichnet, soll den Empfängern als Vorbild dienen und sie vor Faulheit warnen.[91] Demgegenüber war der Bericht des historischen Paulus in 1Thess 2,9 über seine Arbeit bei der Gemein-

---

90 LAUB, Autorität, S. 408.
91 Vgl. KÖSTER, Einführung, S. 680.

degründung nicht als nachahmenswertes Beispiel gedacht, sondern sollte zeigen, wie sehr er die Gemeinde liebt.[92]

Vers 10: Mit Blick auf die Müßiggänger behauptet der Verfasser, dass »Paulus« bereits während seiner Gründungspredigt in Thessalonich gesagt habe: »Wenn jemand nicht arbeiten will, soll er auch nicht essen.« Der historische Paulus hat derlei weder im 1 Thess noch in den anderen erhaltenen Briefen geschrieben. Die Sentenz dürfte auf den Autor des 2 Thess zurückgehen.[93]

Vers 11: Dieser Vers zeigt, dass in dem Abschnitt V. 6–12 Arbeitsscheu der einzige konkrete Vorwurf ist.[94] Er hat schwerlich etwas mit dem Thema der Parusie von 2 Thess 2,1–2 zu tun, zumal der Autor diese Verbindung gerade nicht herstellt. Als Hintergrund der Mahnung in V. 11 kommt die Frage von Arbeit und Beruf in christlichen Gemeinden am Ende des ersten Jahrhunderts n.Chr. in Betracht. Eine Parallele ist die Regel für die zuwandernden Brüder in der »Lehre der zwölf Apostel« (Didache), die etwa aus derselben Zeit stammt.[95] Offenbar sprechen die Verfasser beider Schriften aus schlechter Erfahrung.

Vers 12: Als Schlusswort formuliert der Autor für die Leser den Befehl, in Ruhe zu arbeiten und das eigene Brot zu essen, wobei er

---

[92] Vgl. KÖSTER, Einführung, S. 680.

[93] Vgl. die hellenistisch-jüdische Schrift Pseudo-Phokylides 153–154: »Arbeite mit aller Anstrengung, damit du aus eigenen (Mitteln) leben kannst. Denn jeder Mann, der nicht selbst arbeitet, lebt von seiner Hände Diebstahl.«

[94] Vgl. TRILLING, 2Thess, S. 144.

[95] Man vgl. Did 12,1–5: [1] »Jeder aber, der kommt im Namen des Herrn, soll aufgenommen werden; dann aber werdet ihr (ihn) durch Prüfung erkennen; denn ihr habt Einsicht nach rechts und nach links. [2] Wenn der Ankömmling ein Durchreisender ist, helft ihm, soweit ihr könnt; er soll aber bei euch nur zwei oder drei Tage bleiben, wenn es nötig ist. [3] Wenn er sich aber bei euch niederlassen will und er ist ein Handwerker, soll er arbeiten und soll er essen. [4] Wenn er aber kein Handwerk versteht, dann trefft nach eurer Einsicht Vorsorge, damit er als Christ ganz gewiss nicht müßig bei euch lebe. [5] Wenn er aber nicht so handeln will, dann ist er einer, der mit Christus Schacher treibt; vor solchen hütet euch!« (Übersetzung nach: Die Apostolischen Väter, neu übersetzt und herausgegeben von Andreas Lindemann und Henning Paulsen, Tübingen 1992, S. 17 [A. Lindemann].)

die entsprechenden Ausdrücke dem Gesamtabschnitt entnimmt
(vgl. die Markierungen in der Übersetzung).

2Thess 3,13–15:
Mahnungen an die treuen Gemeindeglieder

13 Ihr aber, *Brüder*, werdet nicht müde, Gutes zu tun.

14 Wenn aber einer unserem Wort durch den Brief nicht gehorcht,
den merkt euch, habt keinen Umgang mit ihm, damit er beschämt
werde.

15 Doch seht ihn nicht wie einen Feind an, sondern weist ihn
zurecht wie einen *Bruder*.

Erläuterung

Die Armut im Ausdruck in diesem Abschnitt belegt ein weiteres
Mal, dass sich der Verfasser als Nachahmer betätigt.

Vers 13: Pseudo-Paulus setzt nach den in V. 6–12 behandelten
Fällen der Arbeitsscheu neu ein. »Gutes tun« zielt nicht auf konkrete karitative Arbeit, sondern bezeichnet das allgemein nötige
ethische Verhalten. Zum Inhalt von V. 13 vgl. Gal 6,9.

Verse 14–15: In V. 14 meint »Brief« den 2Thess. Die Wendung
»Wort durch den Brief« zeigt, dass der Verfasser mündliches Wort
und den 2Thess gleichsetzt, während er in 2,15 beide noch voneinander unterschieden hatte. Er beansprucht, in dem vorliegenden
Brief den Glaubensgrund und die ethischen Regeln gültig beschrie-
ben zu haben, und verlangt dafür Gehorsam. Pseudo-Paulus formuliert allgemein, weil er seine apostolische Autorität gegenüber einer
späteren Generation geltend macht. »›Wort‹ und ›Brief‹ sind in dieser Formulierung wohl ganz gezielt in eins gesetzt worden, um zu
unterstreichen, daß die verbindliche Paradosis des Paulus, die er
schon mündlich gegeben hat, eben in diesem Brief und *nur* in diesem schriftlich festgehalten ist.«[96] Dies bedeutet: Auch 2Thess 3,14

[96] LAUB, Autorität, S. 409.

Erläuterung

Vers 16: Die Wiederholung von »Frieden« wirkt gezwungen. Die literarische Vorlage des Segenswunsches in V. 16a, den der Verfasser abwandelt, ist 1Thess 5,23: »Er selbst aber, der Gott des Friedens, heilige euch vollständig, und unversehrt mögen euer Geist, Seele und Leib bewahrt werden.« Dann folgt in V. 16b ein weiterer, nachklappender Segenswunsch, der in dieser gedrängten Formulierung in keinem anderen Paulusbrief vorkommt.[97] Vgl. jedoch ähnlich Röm 15,33: »Der Gott des Friedens (sei) aber mit euch allen.«

2Thess 3,17–18:
Eigenhändiger Schluss

[17a] Der Gruß mit meiner, des Paulus, Hand; [17b] das ist das Erkennungszeichen in jedem Brief: So schreibe ich.
[18] Die Gnade des unseres Herrn Jesus Christus (sei) mit euch allen.

Erläuterung

Vers 17: In V. 17a übernimmt der Verfasser wörtlich 1Kor 16,21 und versichert in V. 17b – wobei er sich wohl von Gal 6,11 anregen ließ –, jeder Brief des Paulus enthalte eine solche die Echtheit dokumentierende Unterschrift des Paulus. Dies trifft jedoch für keinen der echten Paulusbriefe zu. Die dort enthaltenen Grüße dienen nicht als Echtheitszeichen, auch nicht die eigenhändig ausgerichteten Grüße in 1Kor 16,21 und Gal 6,11. Die Beteuerung in 2Thess 3,17a hat allein den Sinn, den 1Thess, dem eine solche Beglaubigung fehlt, als unecht zu entlarven und den 2Thess als authentisch zu erweisen.

Übrigens kann der Verfasser des 2Thess nicht versucht haben, die Schriftzüge des Apostels nachzuahmen, denn das Urexemplar eines

---

[97] TRILLING, 2Thess, S. 157, hält ihn geradezu für »unpaulinisch«.

Briefes des Paulus war ihm nicht zugänglich. Er schrieb ja frühestens 30 Jahre nach dessen Tod. Die Echtheitsbekundung am Ende des 2Thess ist ein fiktionaler Kniff.[98]

Vers 18: Bis auf »allen« stimmt dieser Gnadenwunsch mit 1Thess 5,28 wörtlich überein.

3. Der zweite Thessalonicherbrief und die anderen gefälschten Briefe des Neuen Testaments

Knapp die Hälfte der neutestamentlichen Briefe ist gefälscht. Sie wurden nicht von dem Autor geschrieben, den sie angeben, und täuschen ihre Leser in verschiedener Intensität. Die wirklichen Verfasser dieser Schriften führen andere Christen gezielt *hinters* Licht, nicht *zum* Licht und maßen sich eine Autorität an, die ihnen nicht zusteht.

Zu den *groben Fälschungen* rechne ich Jakobusbrief, Judasbrief und ersten Petrusbrief; ihre Autoren versehen ihre Texte mit einem falschen Verfassernamen und führen diese Fiktion an einzelnen Stellen der Schreiben durch.

Sehr grobe Fälschungen sind Kolosser- und Epheserbrief, zweiter Petrusbrief und Pastoralbriefe. Sie übertreffen die vorher genannten groben Fälschungen durch das Ausmaß literarischer Manipulationen, mit dem sie die Fiktion des jeweiligen falschen Autors zur Geltung bringen.

Die *gröbste Fälschung* ist der 2Thess, der in der Täuschungsabsicht fast völlig aufgeht. Sein Verfasser diffamiert einen anderen, echten Paulusbrief als Betrug und ahmt ihn zugleich nach, um ihn zu ersetzen. Er will in rein negativer Intention einen anderen Paulusbrief eliminieren und sein eigenes Schreiben an dessen Stelle in die kirchliche Literatur hineinschmuggeln.

---

[98] HEGERMANN, Ort, S. 48–49, beachtet die pseudepigraphische Funktion der Echtheitsgarantie nicht.

Die ersten beiden Klassen von Fälschungen haben anders als der 2Thess nicht das Ziel, einen konkurrierenden Text zu ersetzen. Sie enthalten zwar auch unversöhnliche Polemik, doch führen ihre Verfasser stückweise einen Dialog mit anderen theologischen Positionen und führen diese partiell sogar weiter. Aber darin sind sich die groben und die sehr groben Fälschungen mit dem 2Thess wiederum einig, dass sie bestehende Gemeinden festigen bzw. schützen wollen und sich an die gesamte Christenheit wenden.

Wahrscheinlich haben schwere innerkirchliche Kontroversen die Verfasser der Pseudepigraphen zur Feder greifen lassen. Dies lässt sich an den paulinischen Pseudepigraphen, speziell den Pastoralbriefen, studieren, denn sie nennen Dissidenten und beschreiben deren abweichende Lehre.[99] Pflege des paulinischen Erbes in lokalen Gemeinden durch Vorträge und Sammlung der vorhandenen echten Briefe reichten in dieser Lage zur Autoritätssicherung nicht mehr aus. »Paulus« selbst musste noch einmal literarisch aktiv werden, diesmal als Apostel der Gesamtkirche. Nachdem er dies einmal getan hatte, wiederholte er es später noch mehrere Male. Die paulinische Pseudepigraphie war geboren. Sie beflügelte die Ausbildung der petrinischen Pseudepigraphie. »Petrus« erhob als Apostel der Gesamtkirche seine Stimme. Danach entstanden etwas abseits – als Ausläufer des antipaulinischen Judenchristentum der christlichen Frühzeit – Falschzuschreibungen von Briefen an Jakobus und an seinen Bruder Judas.

---

[99] Vgl. 2Tim 2,16–18: [16] »Das frevelhafte Geschwätz aber meide! Denn immer mehr werden sie (damit) zur Gottlosigkeit fortschreiten, [17] und ihr Wort wird wie ein Krebsgeschwür um sich fressen. Zu ihnen gehören Hymenäus und Philetus, [18] die von der Wahrheit abgeirrt sind, indem sie sagen, Auferstehung sei schon geschehen, und (die damit) den Glauben etlicher zerstören.«

Ergebnis

Auch wenn die Autoren der anderen in meinem Buch besproche-
nen pseudepigraphischen Briefe nicht so radikal vorgingen wie der
Verfasser des zweiten Thessalonicherbriefs, hatten alle doch eins
gemeinsam: Sie fälschten im Namen der Wahrheit für ihre vermeint-
liche Wahrheit und übten sich in der Kunst heiligen Lügens.

Bei jeder Fälschung waren sich die Verfasser – vermutlich han-
delte es sich um Leitungspersonen der frühen Kirche – bewusst,
dass andere vor ihnen das gleiche praktiziert hatten, und durch-
schauten ältere Fälschungen als das, was sie waren: eben Fälschungen. Sonst hätten sie selbst die Pseudepigraphie jedes Mal neu erfin-
den müssen – eine unmögliche Annahme![1] Sie wussten ebenfalls,
dass andere Fälscher ihnen folgen würden.[2]

Mit ihren Falsifikaten verstießen sie gegen die Normen antiker
philologischer Bildung, die sie auf weltlichen Schulen gelernt hatten. Der heilige Zweck heiligte die unheiligen Mittel.[3] Von einer
»Pseudepigraphie des guten Gewissens« sollte man aber nicht spre-

---

[1] Vgl. MARCO FRENSCHKOWSKI: Pseudepigraphie und Paulusschule. Gedanken
zur Verfasserschaft der Deuteropaulinen, insbesondere der Pastoralbriefe, in:
Friedrich Wilhelm Horn (Hg.): Das Ende des Paulus. Historische, theologische
und literaturgeschichtliche Aspekte, Berlin 2001, S. 239–272, hier S. 241.

[2] »Zumindest die realen Autoren pseudonymer urchristlicher Schriften haben
durchschaut, was hier geschah: Wer selbst Schriften unter anderem Namen
veröffentlicht, wird damit rechnen, dass auch andere es tun« (GERD THEISSEN:
Die Entstehung des Neuen Testaments als literaturgeschichtliches Problem,
Heidelberg 2007, S. 160–161).

[3] Vgl KARL MARTIN FISCHER: Anmerkungen zur Pseudepigraphie im Neuen Testament, in: New Testament Studies 23 (1977), S. 76–81, hier S. 79: »Das Mittel (, unter falschem Namen zu schreiben,) ist wirklich anrüchig und es muß
erheblichen sachlichen Grund gegeben haben, es zu verwenden.« Der sachli-
che Grund sei das Bedürfnis gewesen, ökumenisch zu reden: »Wer ökumenisch reden wollte, konnte das nicht in eigener Person, sondern nur unter dem
Namen derer, die aus der Vergangenheit her Autorität besaßen« (ebd.).

chen[4], denn die Fälscher konnten sich unmöglich eines guten Gewissens versichern. Durch die falschen Verfasserangaben versahen sie ihre Schriften gleich zu Beginn mit dem Stempel der Unwahrheit. Dieses Vorgehen war daher anrüchig. Die Schriftstellerei unter falschem Namen blieb auch damals belastend. Nichts vermag das Tun der Fälscher zu rechtfertigen.

Die meisten Frühchristen merkten nicht, dass die im Gottesdienst verlesenen Schriften ebenso wie später der Bibelkanon so viele Fälschungen enthielten. Sie waren ungebildet und vermochten von sich aus nicht, die Falsifikate zu erkennen.[5] Diese Menschen sind Opfer eines großen Betrugs geworden, ausgeführt von Kirchenführern, deren Schriften zugleich ein hohes Wahrheitsethos enthalten. Zugegeben: Dieser Betrug geschah nicht in niederer, sondern in höherer Absicht. Die Verfasser der pseudepigraphischen Briefe des Neuen Testaments meinten, Gott durch ihre Lügen zu dienen. Doch haben sie sich nur etwas vorgemacht.[6]

[4] So freilich THEISSEN, Entstehung, S. 154.

[5] Zur mangelnden Bildung der meisten Frühchristen vgl. oben, S. 60 mit Anm. 33.

[6] THEISSEN, Entstehung, S. 163, gewinnt den Falschzuschreibungen im Neuen Testament etwas Positives ab: »Wir können heute das Faktum der Pseudepigraphie ohne Aufregung feststellen. Erkennen wir doch selbst in den bewährten wissenschaftlichen Wahrheiten fiktive Elemente und können daher umgekehrt auch in fiktiven Texten Elemente von Wahrheit erkennen.« Die »Logik« dieses Umkehrschlusses ist nicht nachvollziehbar. Wenn wir in bewährten wissenschaftlichen Wahrheiten Elemente von Unsinn erkennen, so erkennen wir in Unsinn noch längst nicht Elemente bewährter wissenschaftlicher Wahrheiten.

Literaturverzeichnis

ALAND, KURT: Falsche Verfasserangaben? Zur Pseudonymität im frühchristlichen Schrifttum, in: Theologische Revue 75 (1979), Sp. 1–10

ALAND, KURT: Noch einmal: Das Problem der Anonymität und Pseudonymität in der christlichen Literatur der ersten beiden Jahrhunderte (1980), in: DERS.: Supplementa zu den Neutestamentlichen und Kirchengeschichtlichen Entwürfen, Berlin 1990, S. 158–176

BALZ, HORST R.: Anonymität und Pseudepigraphie im Urchristentum. Überlegungen zum literarischen und theologischen Problem der urchristlichen und gemeinantiken Pseudepigraphie, in: Zeitschrift für Theologie und Kirche 66 (1969), S. 403–436

BAUER, WALTER: Griechisch-deutsches Wörterbuch zu den Schriften des Neuen Testaments und der übrigen urchristlichen Literatur, Berlin [5]1963

BAUER, WALTER: Rechtgläubigkeit und Ketzerei im ältesten Christentum, Tübingen [2]1964

BAUM, ARMIN DANIEL: Literarische Echtheit als Kanonkriterium in der alten Kirche, in: Zeitschrift für die neutestamentliche Wissenschaft 88 (1997), S. 97–110

BAUM, ARMIN DANIEL: Pseudepigraphie und literarische Fälschung im frühen Christentum, Tübingen 2001

BECKER, EVE-MARIE: *Hôs di' hêmôn* in 2 Thess 2.2 als Hinweis auf einen verlorenen Brief, in: New Testament Studies 55 (2009), S. 55–72

BERNHEIM, ERNST: Lehrbuch der Historischen Methode und der Geschichtsphilosophie, Leipzig [5/6]1908

BROX, NORBERT: Zu den persönlichen Notizen der Pastoralbriefe (1969), in: ders. (Hg.): Pseudepigraphie in der heidnischen und jüdisch-christlichen Antike, Darmstadt 1977, S. 272–294

BROX, NORBERT: Die Pastoralbriefe, Regensburg 1969

BROX, NORBERT: Zum Problemstand in der Erforschung der altchristlichen Pseudepigraphie (1973), in: ders. (Hg.): Pseudepigraphie in der heidnischen und jüdisch-christlichen Antike, Darmstadt 1977, S. 311–334

BROX, NORBERT: Falsche Verfasserangaben. Zur Erklärung frühchristlicher Pseudepigraphie, Stuttgart 1975

BROX, NORBERT: Methodenfragen der Pseudepigraphie-Forschung, in: Theologische Revue 75 (1976), Sp. 275–278

BROX, NORBERT (Hg.): Pseudepigraphie in der heidnischen und jüdisch-christlichen Antike, Darmstadt 1977

BROX, NORBERT: Der erste Petrusbrief, Neukirchen-Vluyn 1979

VON DOBSCHÜTZ, ERNST: Die Thessalonicher-Briefe, Göttingen 1909

DROYSEN, JOHANN GUSTAV: Historik. Vorlesungen über Enzyklopädie und Methodologie der Geschichte, Darmstadt 1974

FELDMEIER, REINHARD: Der erste Brief des Petrus, Leipzig 2005

FISCHER, KARL MARTIN: Anmerkungen zur Pseudepigraphie im Neuen Testament, in: New Testament Studies 23 (1977), S. 76–81

FRENSCHKOWSKI, MARCO: Pseudepigraphie und Paulusschule. Gedanken zur Verfasserschaft der Deuteropaulinen, insbesondere der Pastoralbriefe, in: Friedrich Wilhelm Horn (Hg.): Das Ende des Paulus. Historische, theologische und literaturgeschichtliche Aspekte, Berlin 2001, S. 239–272

FRENSCHKOWSKI, MARCO: Erkannte Pseudepigraphie? Ein Essay über Fiktionalität, Antike und Christentum, in: Jörg Frey u.a. (Hgg.): Pseudepigraphie und Verfasserfiktion in frühchristlichen Briefen, Tübingen 2009, S. 181–232

FREY, JÖRG / JENS HERZER / MARTINA JANSSEN / CLARE K. ROTHSCHILD (Hgg.): Pseudepigraphie und Verfasserfiktion in frühchristlichen Briefen. Tübingen 2009

VON HARNACK, ADOLF: Das Problem des zweiten Thessalonicherbriefs (1910), in: DERS.: Kleine Schriften zur alten Kirche, Band 2, Leipzig 1980, S. 101–119

VON HARNACK, ADOLF: Die Mission und Ausbreitung des Christentums in den ersten drei Jahrhunderten, 2 Bände, Leipzig [4]1924

HEININGER, BERNHARD: Die Rezeption des Paulus im 1. Jahrhundert. Deutero- und Tritopaulinen sowie das Paulusbild der Apostelgeschichte in: Oda Wischmeyer (Hrsg.): Paulus. Leben – Umwelt – Werk – Briefe, Tübingen 2006, S. 309–340

HEGERMANN, HARALD: Der geschichtliche Ort der Pastoralbriefe, in: Theologische Versuche 2, Berlin 1970, S. 47–64

HILGENFELD, ADOLF: Die beiden Briefe an die Thessalonicher nach Inhalt und Ursprung, in: Zeitschrift für wissenschaftliche Theologie 5 (1862), S. 225–264

HOLLOWAY, PAUL A.: Coping with Prejudice. 1 Peter in Social-Psychological Perspective, Tübingen 2009

HOLTZMANN, HEINRICH JULIUS: Zum zweiten Thessalonicherbrief, in: Zeitschrift für die neutestamentliche Wissenschaft 2 (1901), S. 97–108

JANSSEN, MARTINA: Unter falschem Namen. Eine kritische Forschungsbilanz frühchristlicher Pseudepigraphie, Frankfurt 2003

Janssen, Martina: Antike (Selbst-)Aussagen über Beweggründe zur Pseudepigraphie, in: Jörg Frey u.a. (Hgg.): Pseudepigraphie und Verfasserfiktion in frühchristlichen Briefen, Tübingen 2009, S. 125–179

Klauck, Hans-Josef: Die antike Briefliteratur und das Neue Testament. Ein Lehr- und Arbeitsbuch, Paderborn 1998

Konradt, Matthias: »Jakobus, der Gerechte«. Erwägungen zur Verfasserfiktion des Jakobusbriefes, in: Jörg Frey u.a. (Hgg): Pseudepigraphie und Verfasserfiktion in frühchristlichen Briefen, Tübingen 2009, S. 575–597

Köster, Helmut: Einführung in das Neue Testament im Rahmen der Religionsgeschichte und Kulturgeschichte der hellenistischen und römischen Zeit, Berlin 1980

Lampe, Peter: Die stadtrömischen Christen in den ersten beiden Jahrhunderten. Untersuchungen zur Sozialgeschichte, Tübingen 1987

Laub, Franz: Paulinische Autorität in nachpaulinischer Zeit, in: R. F. Collins (ed.): The Thessalonian Correspondence, Leuven 1990, S. 403–417

Lindemann, Andreas: Zum Abfassungszweck des Zweiten Thessalonicherbriefes, in: Zeitschrift für die neutestamentliche Wissenschaft 68 (1977), S. 35–47

Lindemann, Andreas: Der Kolosserbrief, Zürich 1983

Lüdemann, Gerd: Paulus, der Heidenapostel, Band II. Antipaulinismus im frühen Christentum, Göttingen [2]1990

Lüdemann, Gerd: Ketzer. Die andere Seite des frühen Christentums, Stuttgart [2]1996

Lüdemann, Gerd: Die Intoleranz des Evangeliums. Erläutert an ausgewählten Schriften des Neuen Testaments, Springe 2004

Lüdemann, Gerd / Frank Schleritt: Arbeitsübersetzung des Neuen Testaments, Göttingen 2008

Malherbe, Abraham J.: The Letters to the Thessalonians, New York 2000

Marrou, Henri Irénée: Geschichte der Erziehung im Altertum, Freiburg 1957

Merz, Annette: Die fiktive Selbstauslegung des Paulus. Intertextuelle Studien zur Intention und Rezeption der Pastoralbriefe, Göttingen 2004

Niebuhr, Karl-Wilhelm: Die Paulusbriefsammlung, in: ders. (Hg.): Grundinformation Neues Testament. Eine bibelkundlich-theologische Einführung, Göttingen [3]2008, S. 196–293

Ohlig, Karl-Heinz: Die theologische Begründung des Kanons in der alten Kirche, Düsseldorf 1972

Ollrog, Wolf-Henning: Paulus und seine Mitarbeiter. Untersuchungen zu Theorie und Praxis der paulinischen Mission, Neukirchen-Vluyn 1979

Pervo, Richard I.: The Making of Paul. Constructions of the Apostle in Early Christianity, Minneapolis 2010

POKORNÝ, PETR / ULRICH HECKEL: Einleitung in das Neue Testament. Seine Literatur und Theologie im Überblick, Tübingen 2007

PREUSCHEN, ERWIN: Antilegomena. Die Reste der außerkanonischen Evangelien und urchristlichen Überlieferungen herausgegeben und übersetzt, Gießen [2]1905

REINMUTH, ECKART: Der zweite Brief an die Thessalonicher, in: Nikolaus Walter / ders. / Peter Lampe: Die Briefe an die Philipper, Thessalonicher und an Philemon, Göttingen 1998, S. 157–202

ROH, TAESEONG: Der zweite Thessalonicherbrief als Erneuerung apokalyptischer Zeitdeutung, Göttingen 2007

ROOSE, HANNA: 2 Thessalonians as Pseudepigraphic ›Reading Instruction‹ for 1 Thessalonians: Methodological Implications and Exemplary Illustration of an Intertextual Concept, in: Thomas L. Brodie, Dennis R. MacDonald and Stanley E. Porter (edd.): The Intertextuality of the Epistles: Explorations of Theory and Practice, Sheffield 2006, S. 133–151

ROOSE, HANNA: Polyvalenz durch Intertextualität im Spiegel der aktuellen Forschung zu den Thessalonicherbriefen, in: New Testament Studies 51 (2005), S. 250–269

SCHNELLE, UDO: Einleitung in das Neue Testament, Göttingen [6]2010

SPEYER, WOLFGANG: Religiöse Pseudepigraphie und literarische Fälschung im Altertum (1965/66), in: Norbert Brox (Hg.): Pseudepigraphie in der heidnischen und jüdisch-christlichen Antike, Darmstadt 1977, S. 195–263

SPEYER, WOLFGANG: Die literarische Fälschung im heidnischen und christlichen Altertum. Ein Versuch ihrer Deutung, München 1971

STANDHARTINGER, ANGELA: Studien zur Entstehungsgeschichte und Intention des Kolosserbriefs, Leiden 1999

STRECKER, GEORG: Literaturgeschichte des Neuen Testaments, Göttingen 1992

THEISSEN, GERD: Das Neue Testament, München 2002

THEISSEN, GERD: Die Entstehung des Neuen Testaments als literaturgeschichtliches Problem, Heidelberg 2007

TRILLING, WOLFGANG: Untersuchungen zum zweiten Thessalonicherbrief, Leipzig 1972

TRILLING, WOLFGANG: Der zweite Brief an die Thessalonicher, Neukirchen-Vluyn 1980

VIELHAUER, PHILIPP: Geschichte der urchristlichen Literatur. Einleitung in das Neue Testament, die Apokryphen und die Apostolischen Väter, Berlin 1975

WEISS, JOHANNES: Das Urchristentum, Göttingen 1917

WREDE, WILLIAM: Die Echtheit des zweiten Thessalonicherbriefs untersucht, Leipzig 1903

ZIMMERMANN, RUBEN: Lügen für die Wahrheit? Das Phänomen urchristlicher Pseudepigrafie am Beispiel des Kolosserbriefs, in: Oliver Hochadel und Ursula Kocher (Hgg.): Lügen und Betrügen. Das Falsche in der Geschichte bis zur Moderne, Köln 2000, S. 257–272

ZIMMERMANN, RUBEN: Unecht – und doch wahr? Pseudepigraphie im Neuen Testament als theologisches Problem, in: Zeitschrift für Neues Testament 12 (2003), S. 27–38

mit der Formulierung »unser Wort durch den Brief« bringt zum Ausdruck, dass der Verfasser des 2Thess sein gefälschtes Schreiben als den einzigen Brief des Paulus an die Thessalonicher versteht.

Die Forderung in V. 14, keinen Umgang mit einem Ungehorsamen zu haben, nimmt den Befehl von 2Thess 3,6 auf, sich von einem Unordentlichen zurückzuziehen. Pseudo-Paulus geht so gegen Menschen mit fehlerhaftem Verhalten vor. Jedoch rechnet er sie beide Male weiter der Gemeinde zu.

Ähnlich warnt er einerseits in V. 14 vor einem persönlichen Umgang und verlangt andererseits in V. 15 brüderliche Zurechtweisung, die ja einen engen Kontakt voraussetzt. Diese Spannung ist im unechten Charakter des Schreibens begründet. Sie braucht auf historisch konkrete Situationen keine Rücksicht zu nehmen, sondern formuliert von vornherein im Blick auf die Gesamtheit der Kirche.

Außerdem bleibt zu beachten, dass in Kap. 2 und Kap. 3 jeweils unterschiedliche Gegner angesprochen sind. In Kap. 3 rechnet der Autor trotz aller Kritik mit einer Einigung, in Kap. 2 ist das Band der Gemeinschaft bereits zerschnitten. Über die Dissidenten, die unter Berufung auf den 1Thess das Ende bereits für gekommen halten, schreibt Pseudo-Paulus, sie hätten diesen Brief gefälscht. Mit ihnen kommt daher weder Gemeinschaft noch ein Dialog in Frage. Der Verfasser des 2Thess argumentiert ihnen gegenüber nicht mehr, sondern legt zum Schutz der Gemeinde den echten Thessalonicherbrief vor, in dem sich der gültige »Fahrplan« der Endzeit findet.

2Thess 3,16:
Friedenswunsch

16a Er selbst aber, DER HERR des *Friedens*, möge euch den *Frieden* geben, jederzeit und auf jede Weise.

16b DER HERR (sei) mit euch allen.

Autorenregister